BESTACTIVITYBOOKS.COM

Copyright © 2022 LINGUAS CLASSICS

Tous droits réservés. Aucune partie de ce livre ne peut être reproduite ou utilisée de quelque manière que ce soit sans l'autorisation écrite du détenteur des droits d'auteur, sauf pour l'utilisation de citations dans une critique de livre.

PREMIERE ÉDITION

Dépôt légal, 2022

Illustration Graphique Extra: www.freepik.com
Merci à Alekksall, Starline, Pch.vector, Rawpixel.com, Vectorpocket, Dgim-studio, Upklyak, Macrovector, Stockgiu, Pikisuperstar & Freepik.com Designers

Découvrez des Jeux Gratuits en Ligne

Disponible Ici :

BestActivityBooks.com/FREEGAMES

5 ASTUCES POUR DÉMARRER !

1) COMMENT RÉSOUDRE LES MOTS MÊLÉS

Les puzzles sont dans un format classique :

- Les mots sont cachés sans espaces, tirets, ...
- Orientation : Les mots peuvent être écrits en avant, en arrière, vers le haut, vers le bas ou en diagonale (ils peuvent être inversés).
- Les mots peuvent se chevaucher ou se croiser.

2) UN APPRENTISSAGE ACTIF

Un espace est prévu à côté de chaque mots pour noter la traduction. Pour favoriser un apprentissage actif un **DICTIONNAIRE** à la fin de cette édition vous permettra de vérifier et étendre vos connaissances. Cherchez et notez les traductions, trouvez-les dans le Puzzle et ajoutez-les à votre vocabulaire !

3) MARQUEZ LES MOTS

Vous pouvez inventer votre propre système de marquage. Peut-être en utilisez-vous déjà un ? Sinon, vous pourriez, par exemple, marquer les mots qui ont été difficiles à trouver d'une croix, ceux que vous avez aimés d'une étoile, les mots nouveaux d'un triangle, les mots rares d'un diamant, etc...

4) STRUCTUREZ VOTRE APPRENTISSAGE

Cette édition vous offre un **CARNET DE NOTES** très pratique à la fin
du livre. En vacances ou en voyage ou à la maison, vous pouvez facilement
organiser vos nouvelles connaissances sans avoir besoin d'un second bloc-
notes !

5) VOUS AVEZ FINI TOUTES LES GRILLES ?

Allez à la section bonus **CHALLENGE FINAL** pour trouver un jeu
gratuit à la fin de cette édition !

Simple et Rapide ! Découvrez notre collection de livres d'activités pour
votre prochain moment de détente et **d'apprentissage**, à juste un clic de
distance !

Trouvez votre prochain défi sur :

BestActivityBooks.com/MonProchainLivre

À vos marques, prêts... Partez !

Saviez-vous qu'il existe environ 7 000 langues différentes dans le monde ? Les mots sont précieux.

Nous aimons les langues et avons travaillé dur pour créer les livres de la plus haute qualité pour vous. Nos ingrédients ?

Une sélection des thématiques d'apprentissage adaptée, trois belles parts de divertissement, puis nous ajoutons une cuillère de mots difficiles et une pincée de mots rares. Nous les servons avec soin et un maximum de plaisir pour vous permettre de résoudre les meilleurs jeux de mots mêlés qui soient et d'apprendre en vous amusant !

Votre avis est essentiel. Vous pouvez participer activement au succès de ce livre en nous laissant un commentaire. Nous aimerions vraiment savoir ce que vous avez préféré dans cette édition !

Voici un lien rapide qui vous mènera à la page d'évaluation de vos commandes :

BestBooksActivity.com/Avis50

Merci pour votre aide et amusez-vous bien !

De la part de toute l'équipe

1 - Été

```
W  C  O  E  U  L  F  R  I  E  N  D  S  N
S  A  N  D  A  L  S  A  N  K  D  X  L  G
E  M  U  S  I  C  F  J  M  Y  I  D  Z  J
A  P  R  J  D  T  J  Z  D  I  V  I  N  G
B  I  E  P  J  T  J  S  W  M  L  Y  B  O
N  N  L  R  D  P  O  I  G  T  J  Y  O  G
F  G  A  E  E  F  Y  S  U  K  J  V  O  F
O  G  X  U  I  J  D  B  W  A  Z  A  K  O
X  G  A  M  E  S  B  R  P  I  F  C  S  O
G  B  T  X  R  T  U  O  C  E  M  A  D  D
S  H  I  A  O  A  M  R  A  Y  Q  T  S  C
O  H  O  P  T  R  A  V  E  L  U  I  H  A
M  H  N  J  Y  S  B  R  N  R  Q  O  X  Y
G  A  R  D  E  N  B  E  A  C  H  N  T  I
```

FRIENDS	MUSIC
CAMPING	TO SWIM
STARS	FOOD
FAMILY	BEACH
GARDEN	DIVING
GAMES	RELAXATION
JOY	SANDALS
BOOKS	VACATION
LEISURE	TRAVEL
SEA	

2 - Adjectifs #2

```
E  E  C  N  G  I  F  T  E  D  S  P  A  S
C  R  E  A  T  I  V  E  L  L  C  G  V  A
P  Y  F  T  D  L  I  S  Z  C  D  U  K  L
R  D  A  U  R  X  N  R  R  E  S  P  S  T
O  E  M  R  A  U  T  H  E  N  T  I  C  Y
D  S  O  A  M  H  E  X  T  S  R  E  G  P
U  C  U  L  A  E  R  K  P  R  O  U  D  O
C  R  S  C  T  A  E  H  V  C  N  B  V  W
T  I  B  X  I  L  S  W  G  X  G  O  U  E
I  P  P  X  C  T  T  B  I  E  Y  D  A  R
V  T  V  U  X  H  I  F  N  L  C  F  M  F
E  I  J  D  R  Y  N  J  P  E  D  A  E  U
D  V  R  E  L  E  G  A  N  T  W  S  V  L
R  E  S  P  O  N  S  I  B  L  E  R  Y  P
```

AUTHENTIC	NATURAL
FAMOUS	NEW
CREATIVE	PRODUCTIVE
DESCRIPTIVE	POWERFUL
GIFTED	PURE
DRAMATIC	RESPONSIBLE
ELEGANT	HEALTHY
PROUD	SALTY
STRONG	WILD
INTERESTING	DRY

3 - Exploration

```
P U A W P N T T W G H Y L C
E N C I A Y O D R J E C A O
R K T N G B L I P V V K N U
I N I N E W E S P A C E G R
L O V O L V A C H N U X U A
O W I G Z E R O A I L H A G
U N T Q A T N V Z M T A G E
S V Y D U Y B E A A U U E T
W I L D X E B R R L R S S R
G E X G X O S Y D S E T P A
T E R R A I N T S T S I Z V
E X C I T E M E N T G O G E
H L J K C Q V Y G R P N L L
X F Y W S F D I S T A N T P
```

ACTIVITY	UNKNOWN
ANIMALS	LANGUAGE
TO LEARN	DISTANT
COURAGE	NEW
CULTURES	PERILOUS
HAZARDS	QUEST
DISCOVERY	WILD
SPACE	TERRAIN
EXCITEMENT	TRAVEL
EXHAUSTION	

4 - Formes

```
V H M A Q C S R B K T A Z X
Z J Y M N T R I A N G L E E
R H B P S G C C D C L U Z R
E Z R I E D G E S E L Z O J
C C O N E R C Y L I N D E R
T I C O H L B P C U B E X P
A R U V K I P O O V W V A R
N C R A M N Y E L L V T M I
G L V L W E R L C A Y V V S
L E E F E B A L U R X G N M
E T F X K O M I R C N C O U
S P H E R E I P M P H J H N
C O R N E R D S Z P E T X G
S Q U A R E D E X Q F J D L
```

ARC	ELLIPSE
EDGES	HYPERBOLA
SQUARE	LINE
CIRCLE	OVAL
CORNER	POLYGON
CURVE	PRISM
CONE	PYRAMID
SIDE	RECTANGLE
CUBE	SPHERE
CYLINDER	TRIANGLE

5 - Adjectifs #1

```
I  Z  A  I  A  G  R  A  H  O  N  E  S  T
D  T  T  N  M  N  X  B  C  E  K  H  Q  W
E  H  T  N  B  W  C  S  H  T  A  A  D  R
N  I  R  O  I  A  A  O  E  A  I  V  T  X
T  N  A  C  T  R  P  L  N  B  A  V  Y  M
I  S  C  E  I  O  H  U  G  E  L  W  E  O
C  B  T  N  O  M  X  T  E  A  Z  I  P  D
A  C  I  T  U  A  R  E  X  U  S  K  E  E
L  Y  V  O  S  T  T  L  O  T  S  H  R  R
Q  K  E  K  W  I  I  A  T  I  Y  S  F  N
A  G  M  A  E  C  P  I  I  F  O  L  E  W
G  E  N  E  R  O  U  S  C  U  U  O  C  S
I  M  P  O  R  T  A  N  T  L  N  W  T  N
A  R  T  I  S  T  I  C  N  U  G  O  D  C
```

ABSOLUTE	HONEST
ACTIVE	IDENTICAL
AMBITIOUS	IMPORTANT
AROMATIC	INNOCENT
ARTISTIC	YOUNG
ATTRACTIVE	SLOW
BEAUTIFUL	HEAVY
EXOTIC	THIN
HUGE	MODERN
GENEROUS	PERFECT

6 - Instruments de Musique

```
O  F  I  I  I  N  O  E  P  I  C  Z  P  O
B  G  L  N  Y  P  J  L  U  Y  N  T  E  B
O  U  M  U  U  I  H  M  T  E  L  R  R  A
E  I  A  I  T  U  O  A  W  E  A  U  C  S
M  T  R  C  V  E  B  A  N  J  O  M  U  S
Q  A  I  A  B  I  M  X  S  X  W  P  S  O
H  R  M  C  T  R  O  M  B  O  N  E  S  O
N  P  B  H  A  R  P  L  H  J  Q  T  I  N
C  L  A  R  I  N  E  T  I  P  I  W  O  R
P  I  A  N  O  P  K  P  Q  N  K  H  N  U
H  E  G  T  A  M  B  O  U  R  I  N  E  I
S  A  X  O  P  H  O  N  E  D  R  U  M  R
E  N  W  K  N  H  A  R  M  O  N  I  C  A
C  E  L  L  O  G  M  A  N  D  O  L  I  N
```

BANJO	MARIMBA
BASSOON	PERCUSSION
CLARINET	PIANO
FLUTE	SAXOPHONE
GONG	DRUM
GUITAR	TAMBOURINE
HARMONICA	TROMBONE
HARP	TRUMPET
OBOE	VIOLIN
MANDOLIN	CELLO

7 - Échecs

```
G R J C H A L L E N G E S C
E A R T E W S V D J C Z T L
S L M Z A A H W I M H M O E
E Q U E E N K U A M A T U V
T O L E A R N C G S M H R E
P O R U L E S U O A P L N R
L O P K G C O R N C I X A X
A Q I P K I N G A R O V M A
Y V L N O B G X L I N Y E K
E X F L T N C G W F O W N B
R Z J V B S E Y H I F R T L
P A S S I V E N I C C A I A
Z S N V S T R A T E G Y M C
B C O N T E S T E S K N E K
```

OPPONENT	BLACK
TO LEARN	PASSIVE
WHITE	POINTS
CHAMPION	QUEEN
CONTEST	RULES
CHALLENGES	KING
DIAGONAL	SACRIFICE
CLEVER	STRATEGY
GAME	TIME
PLAYER	TOURNAMENT

8 - Herboristerie

```
T T P O V Z D P O I P M B R
W H T A R R A G O N D A E O
L E Y D R C P L W G C R N S
U C O M Y S F P J R A J E E
S S M S E F L O W E R O F M
A K C C N R A E I D O R I A
F E N N E L V W Y I M A C R
F N N B M S O Q C E A M I Y
R D M J Z B R X F N T N A G
O B Q U A L I T Y T I O L A
N G A R L I C P X P C P E R
Q N F S L A V E N D E R D D
M I N T I C U L I N A R Y E
E T V K P L G R E E N B S N
```

GARLIC	LAVENDER
AROMATIC	MARJORAM
BASIL	MINT
BENEFICIAL	PARSLEY
CULINARY	QUALITY
TARRAGON	ROSEMARY
FENNEL	SAFFRON
FLOWER	FLAVOR
INGREDIENT	THYME
GARDEN	GREEN

9 - Véhicules

```
U  C  C  H  F  D  P  S  U  B  W  A  Y  B
O  A  A  S  B  I  E  S  H  E  U  Q  T  U
F  R  M  R  O  C  K  E  T  U  A  O  A  S
S  U  B  M  A  R  I  N  E  R  T  N  X  N
A  B  U  O  T  V  I  S  C  S  M  T  I  R
I  I  L  T  R  A  A  L  C  C  X  L  L  G
R  C  A  O  B  E  O  N  W  O  K  G  D  E
P  Y  N  R  H  E  L  I  C  O  P  T  E  R
L  C  C  Z  Y  Q  C  C  F  T  T  A  R  Z
A  L  E  R  J  V  B  Q  R  E  I  W  A  E
N  E  T  R  A  C  T  O  R  R  R  F  F  X
E  T  R  U  C  K  J  B  P  M  E  R  T  P
H  E  P  D  H  Q  F  F  Q  P  S  M  Y  K
X  A  S  A  A  X  O  J  E  P  E  D  S  P
```

AMBULANCE	MOTOR
AIRPLANE	SHUTTLE
BOAT	TIRES
BUS	RAFT
TRUCK	SCOOTER
CARAVAN	SUBMARINE
FERRY	TAXI
ROCKET	TRACTOR
HELICOPTER	BICYCLE
SUBWAY	CAR

10 - Camping

```
F  B  I  N  N  E  F  I  R  E  O  P  L  T
L  A  N  T  E  R  N  N  A  T  U  R  E  F
E  B  U  K  H  R  Q  S  A  E  I  X  A  O
C  O  M  P  A  S  S  E  L  N  Z  H  D  R
I  H  A  U  T  A  V  C  A  T  N  U  V  E
V  Y  P  D  M  Z  C  T  K  X  P  N  E  S
A  N  I  M  A  L  S  A  E  W  A  T  N  T
M  I  B  O  K  L  S  C  N  M  P  I  T  L
Q  L  K  O  C  L  N  Y  A  O  P  N  U  Z
P  A  J  N  T  B  H  A  T  B  E  G  R  V
J  F  R  H  A  M  M  O  C  K  I  L  E  G
X  J  M  O  U  N  T  A  I  N  L  N  N  D
W  U  B  P  P  M  O  N  R  L  E  Y  E  B
B  T  P  J  U  E  Q  U  I  P  M  E  N  T
```

ANIMALS	FIRE
ADVENTURE	FOREST
COMPASS	HAMMOCK
CABIN	INSECT
CANOE	LAKE
MAP	LANTERN
HAT	MOON
HUNTING	MOUNTAIN
ROPE	NATURE
EQUIPMENT	TENT

11 - Conservation

```
E S U S T A I N A B L E E H
N C L I M A T E R V T I D E
V Y H P O L L U T I O N U A
I C I A D L G W G B E U C L
R L R D N F O H A B I T A T
O E E S V G R E E N O E T H
N R C P K S E Q X O X N I C
M E L O Q O H S Z N W J O Y
E D B V S N A T U R A L N A
N U T G I Y R E C Y C L E Y
T C U Q I W S O R G A N I C
A E E R W W A T E R W A R Z
L Q V O L U N T E E R S O C
P E S T I C I D E M J L C U
```

VOLUNTEER	HABITAT
CHANGES	NATURAL
CLIMATE	ORGANIC
CYCLE	PESTICIDE
SUSTAINABLE	POLLUTION
WATER	RECYCLE
ENVIRONMENTAL	REDUCE
ECOSYSTEM	HEALTH
EDUCATION	GREEN

12 - Écologie

```
E K B M N M A R S H V F N R
U C P L A N T S D H O O A E
V S U P T D I V C A L O T S
A U J U U F Q D O B U R U O
A S S K R F Y R M I N B R U
Q T U D E J A O M T T R A R
V A R I E T Y U U A E F L C
C I V G V H G N T E L M E
L N I E R B Z H I A R O A S
I A V R Z Z S T T Z S R R J
M B A S S P E C I E S A I H
A L L I X Y P D E V U R N G
T E M T K I P L S R Z K E H
E O M Y M O U N T A I N S Z
```

VOLUNTEERS	MARINE
CLIMATE	MOUNTAINS
COMMUNITIES	NATURE
DIVERSITY	NATURAL
SUSTAINABLE	PLANTS
SPECIES	RESOURCES
FAUNA	DROUGHT
FLORA	SURVIVAL
HABITAT	VARIETY
MARSH	

13 - Astronomie

```
S  L  A  A  Q  S  B  E  U  Z  A  T  O  E
V  T  S  Q  U  N  I  V  E  R  S  E  B  Q
V  T  A  E  N  C  T  W  L  U  T  M  S  U
M  O  O  N  U  N  Z  R  E  G  R  R  E  I
N  E  A  S  T  E  R  O  I  D  O  A  R  N
A  S  T  R  O  N  O  M  E  R  N  D  V  O
S  U  P  E  R  N  O  V  A  K  A  I  A  X
R  A  U  X  O  F  X  X  C  G  U  A  T  K
Y  O  L  H  U  R  B  K  P  A  T  T  O  M
N  B  C  O  S  M  O  S  R  L  U  I  R  O
R  J  S  K  Y  G  P  O  I  A  A  O  Y  S
Y  V  O  N  E  B  U  L  A  X  V  N  W  H
E  A  R  T  H  T  C  A  Z  Y  S  E  E  O
E  C  L  I  P  S  E  R  X  Y  N  C  W  T
```

ASTEROID	METEOR
ASTRONAUT	NEBULA
ASTRONOMER	OBSERVATORY
SKY	PLANET
COSMOS	RADIATION
ECLIPSE	SOLAR
EQUINOX	SUPERNOVA
ROCKET	EARTH
GALAXY	UNIVERSE
MOON	

14 - Types de Cheveux

```
L  W  H  I  T  E  S  Q  B  N  A  W  I  C
O  I  C  E  B  W  U  I  B  R  O  W  N  B
N  S  U  S  A  B  O  U  L  R  Z  A  B  L
G  H  R  H  L  L  E  J  Q  V  H  V  L  A
U  I  L  O  D  H  T  H  I  N  E  Y  O  C
D  N  S  R  O  X  H  H  I  U  X  R  N  K
D  Y  X  T  E  P  I  T  Y  J  B  Y  D  W
C  E  Q  O  D  B  C  M  W  D  R  G  Q  N
S  V  H  S  H  P  K  J  C  P  A  I  E  Z
S  U  E  D  M  P  H  I  U  U  I  O  L  G
C  O  D  A  C  O  L  O  R  E  D  R  Y  R
R  F  F  R  P  I  U  N  L  A  E  S  T  A
S  J  H  T  F  U  V  A  Y  H  D  P  I  Y
R  R  E  A  M  Z  E  Y  V  F  R  A  A  F
```

SILVER	CURLY
WHITE	GRAY
BLOND	LONG
CURLS	BROWN
SHINY	THIN
BALD	BLACK
COLORED	WAVY
SHORT	HEALTHY
SOFT	DRY
THICK	BRAIDED

15 - Restaurant #1

```
M E A T B I R H W D K E N F
M E N U K R C U Y E N C A T
Y R I O I Z E I N S I O P G
X E J P T G N A Q S F F K H
H S D U C Y S K D E E F I T
H E D F H C T A U R C E N E
H R Y O E H N N U T G E F W
I V G O N Q V O G C V U Q A
Y A O D V S P I C Y E B A I
E T L Q H K A L L E R G Y T
B I O G F Z U C A S H I E R
O O C H I C K E N T O Z Y E
W N F I N G R E D I E N T S
L O B O A J B X S F O T Q S
```

ALLERGY	MENU
PLATE	FOOD
BOWL	BREAD
COFFEE	CHICKEN
CASHIER	RESERVATION
KNIFE	SAUCE
KITCHEN	WAITRESS
DESSERT	NAPKIN
SPICY	MEAT
INGREDIENTS	

16 - Mammifères

```
G V W A D O D C T D W Z B C
S G D D C O Y O T E O G E B
H O R S E A Y Z L U L N A H
E R A H L W T E I P F C R L
Q I O E D D T B O Z H H M E
J L J E Q J L R N M O I O L
F L S P H R O A I L J U N E
R A B B I T U Z M O S O K P
W G U T A I G I R A F F E H
H H L T C G R D J M S O Y A
A G L V D E M B E C L E X N
L H C C V R A J Z D T U F T
E K A N G A R O O O O F H N U
Y X J M S W D M H G G W V D
```

WHALE	RABBIT
CAT	LION
HORSE	WOLF
DOG	SHEEP
COYOTE	BEAR
DOLPHIN	FOX
ELEPHANT	MONKEY
GIRAFFE	BULL
GORILLA	TIGER
KANGAROO	ZEBRA

17 - Sports

```
B L B G W C J Y R M F G H D
A Q A Y U I O K H H S Y C M
S Z F M P V N A B K C M U B
E G M N X E G N C K F N E A
B S H A L W C Q E H N A K S
A T O S W I M L P R K S W K
L A C T D R M T E N N I S E
L D K I S N G G S T H U E T
A I E C P J X O I S E M B B
C U Y S M K M P L A Y E R A
R M O V E M E N T F T K Z L
E R E F E R E E E T R G K L
A T H L E T E G A M E A T T
B I C Y C L E V M B I C R A
```

REFEREE
ATHLETE
BASEBALL
BASKETBALL
COACH
TEAM
WINNER
GOLF
GYMNASIUM

GYMNASTICS
HOCKEY
GAME
PLAYER
MOVEMENT
TO SWIM
STADIUM
TENNIS
BICYCLE

18 - Chocolat

```
C  S  U  G  A  R  T  V  T  C  E  D  P  A
R  A  R  N  S  Z  J  D  A  O  D  E  O  R
S  I  C  W  S  E  P  N  S  C  A  L  W  O
O  B  Q  A  M  C  F  N  T  O  N  I  D  M
T  S  X  L  O  A  A  F  E  N  T  C  E  A
Q  X  J  D  G  R  V  L  X  U  I  I  R  I
C  U  E  S  N  A  O  A  O  T  O  O  G  N
J  R  A  I  I  M  R  V  T  R  X  U  L  B
U  C  W  L  G  E  I  O  I  E  I  S  C  I
X  N  C  X  I  L  T  R  C  C  D  E  Q  T
C  A  N  D  Y  T  E  Y  D  I  A  F  S  T
C  S  W  E  E  T  Y  F  U  P  N  X  R  E
V  Z  P  E  A  N  U  T  S  E  T  S  B  R
I  N  G  R  E  D  I  E  N  T  N  E  B  M
```

BITTER	EXOTIC
ANTIOXIDANT	FAVORITE
AROMA	TASTE
CANDY	INGREDIENT
PEANUTS	COCONUT
CACAO	POWDER
CALORIES	QUALITY
CARAMEL	RECIPE
DELICIOUS	FLAVOR
SWEET	SUGAR

19 - Mathématiques

P P A S A S Q U A R E G X D
E A F N N P O L Y G O N C I
R R G C G V O L U M E P K A
P A M U L X B L K K C A F M
E L N P E R I M E T E R E E
N L G Y S H I G I T Q A I T
D E D E C I M A L W U L G E
I L F R A C T I O N A L E R
C O E X P O N E N T T E O W
U G T R I A N G L E I L M H
L R E C T A N G L E O K E V
A A K D P S U M C E N D T X
R M P H Y X S Y M M E T R Y
A R I T H M E T I C X W Y K

ANGLES	PARALLELOGRAM
ARITHMETIC	PERPENDICULAR
SQUARE	PERIMETER
DECIMAL	POLYGON
DIAMETER	RECTANGLE
EXPONENT	SUM
EQUATION	SYMMETRY
FRACTION	TRIANGLE
GEOMETRY	VOLUME
PARALLEL	

20 - Mythologie

```
T D L T G R W F P Z I I M V
M A G I C A L A H E R O O B
J E A L O U S Y R O K I R E
A R C H E T Y P E R Y K T L
S T R E N G T H H R I U A I
C H G O H Y C P N Z G O L E
R U C U L T U R E D Z H R F
E N M S B M F Y E V X D V S
A D I I M M O R T A L I T Y
T E C I L Y M O N S T E R G
U R D I S A S T E R W I J Z
R K W N F M L E G E N D O B
E B E H A V I O R Q Z V A N
L I G H T N I N G B I Z A Y
```

ARCHETYPE	WARRIOR
DISASTER	HERO
BEHAVIOR	IMMORTALITY
CREATION	JEALOUSY
CREATURE	LEGEND
BELIEFS	MAGICAL
CULTURE	MONSTER
LIGHTNING	MORTAL
STRENGTH	THUNDER

21 - Restaurant #2

```
I  S  P  I  C  E  S  S  A  Q  H  A  S  L
C  G  Q  D  I  N  N  E  R  A  L  L  P  B
E  L  P  I  F  W  A  T  E  R  Z  A  O  G
B  V  W  J  G  T  C  S  A  O  W  K  O  X
D  E  L  I  C  I  O  U  S  A  L  T  N  M
I  G  U  Y  W  U  M  E  A  N  Q  B  B  T
E  E  N  V  E  A  C  R  L  B  R  H  B  P
O  T  C  A  K  E  I  E  A  E  G  G  S  S
Z  A  H  S  G  X  X  T  D  V  S  F  T  K
E  B  M  F  R  U  I  T  E  E  H  O  H  Z
Z  L  H  I  P  D  Y  R  T  R  F  J  U  X
Z  E  H  S  S  J  B  Q  L  A  O  D  H  P
K  S  C  H  A  I  R  G  Q  G  R  G  X  E
N  O  O  D  L  E  S  N  Z  E  K  B  U  F
```

BEVERAGE	CAKE
CHAIR	ICE
SPOON	VEGETABLES
LUNCH	NOODLES
DELICIOUS	EGGS
DINNER	FISH
WATER	SALAD
SPICES	SALT
FORK	WAITER
FRUIT	SOUP

22 - Couleurs

```
O P Y I U O B F B X E R I Y
G R E D I X B L U E W X D W
G M A G E N T A Y C T I U H
S V Z N K W D B W M H G C I
F S U A G S A I N B Y S R T
G P R I R E B W G R E Y I E
G Y E O E P E W D O S C M A
D R H T E I I H H W D Y S V
N H B N N A G Y C N A A O T
P U R P L E E J G L Z N N P
K G R K A E S X U F D Y E I
O B E E C F J M S X D S A N
Y E L L O W I J W B Y M G K
F W B L A C K B A K S F N O
```

AZURE
BEIGE
WHITE
BLUE
CRIMSON
CYAN
FUCHSIA
GREY
INDIGO
YELLOW

MAGENTA
BROWN
BLACK
ORANGE
PINK
RED
SEPIA
GREEN
PURPLE

23 - Avions

```
H A T M O S P H E R E W C T
I H E I G H T Y B F W E H H
S Y Q D I R E C T I O N M A
T D R V N Y O I O U T G I I
O R N T F I V H F I M I A R
R O C E L W A G U Z Y N D L
Y G S O A L T I T U D E V A
U E I D T B S P F N Z C E N
U N C R E W A K P U I B N D
P B A V Q S X L Y A P D T I
K X F U E L C S L G F E U N
P A S S E N G E R O M X R G
P I L O T W G D N Z O A E J
R M V U C Y Z O L T L N R Y
```

AIR	DIRECTION
ALTITUDE	CREW
ATMOSPHERE	INFLATE
LANDING	HEIGHT
ADVENTURE	HISTORY
BALLOON	HYDROGEN
FUEL	ENGINE
SKY	PASSENGER
DESCENT	PILOT

24 - Aventure

```
B S A F E T Y L G U N C S N
C R P R E P A R A T I O N A
H D A N G E R O U S D Q X V
A B C V O I Y S P K D J E I
N G T G E X C U R S I O N G
C U I J N R W R Z T F J T A
E S V G R J Y P R R F P H T
I T I N E R A R Y A I Q U I
N A T U R E S I G V C O S O
G P Y E F E R S O E U L I N
U N U S U A L I H L L M A H
B E A U T Y M N R S T O S H
B W V O J O Y G W I Y P M G
O P P O R T U N I T Y X W B
```

ACTIVITY
BEAUTY
BRAVERY
CHANCE
DANGEROUS
DIFFICULTY
ENTHUSIASM
EXCURSION
UNUSUAL
ITINERARY

JOY
NATURE
NAVIGATION
NEW
OPPORTUNITY
PREPARATION
SAFETY
SURPRISING
TRAVELS

25 - Ville

```
S C H O O L I U L X S G M U
U Y B Y R A U G S A S A U N
P P H A R M A C Y Q W L S I
E W A Y B J I N M M L L E V
R E S T A U R A N T I E U E
M J T H K V P G A U B R M R
A F A E E H O T E L R Y Z S
R L D A R P R U R M A Z Y I
K O I T Y M T W U U R L H T
E R U E C I N E M A Y F I Y
T I M R B O O K S T O R E N
R S M A R K E T C L I N I C
C T C U A M R Z O O G Y M F
I B A N K F M M Z B P O L A
```

AIRPORT	BOOKSTORE
BANK	MARKET
LIBRARY	MUSEUM
BAKERY	PHARMACY
CINEMA	RESTAURANT
CLINIC	STADIUM
SCHOOL	SUPERMARKET
FLORIST	THEATER
GALLERY	UNIVERSITY
HOTEL	ZOO

26 - Cuisine

R	B	W	A	B	G	Q	S	I	R	O	X	Q	N
C	E	B	H	W	Q	R	C	U	P	S	V	Q	Y
H	F	F	H	E	F	E	I	S	J	S	N	E	K
O	R	B	R	H	C	C	E	L	M	P	A	J	N
P	E	A	Y	I	V	I	E	W	L	I	P	V	I
S	E	K	F	S	G	P	J	A	R	C	K	B	V
T	Z	E	T	P	I	E	Q	I	Q	E	I	O	E
I	E	T	J	O	F	O	R	K	S	S	N	W	S
C	R	T	U	O	S	R	L	A	U	D	M	L	I
K	Q	L	G	N	P	L	F	P	T	P	M	A	G
S	R	E	K	S	O	L	O	R	S	O	B	D	D
I	Z	W	D	I	N	R	O	O	O	I	R	L	K
S	E	R	X	V	G	G	D	N	M	B	P	E	Q
O	G	I	E	O	E	I	L	Y	Q	M	D	G	K

CHOPSTICKS	FORKS
BOWL	GRILL
KETTLE	LADLE
FREEZER	FOOD
KNIVES	JAR
JUG	RECIPE
SPOONS	REFRIGERATOR
SPICES	NAPKIN
SPONGE	APRON
OVEN	CUPS

27 - Gentillesse

```
M  R  D  L  G  I  U  V  T  X  H  H  G  A
H  O  N  E  S  T  E  V  L  W  O  A  E  T
R  E  C  E  P  T  I  V  E  U  S  P  N  T
R  E  S  P  E  C  T  F  U  L  P  P  U  E
S  U  G  C  Y  E  E  O  H  C  I  Y  I  N
J  I  H  E  L  P  F  U  L  J  T  V  N  T
I  A  F  F  E  C  T  I  O  N  A  T  E  I
G  E  N  E  R  O  U  S  V  B  B  C  R  V
F  R  I  E  N  D  L  Y  I  I  L  J  N  E
C  G  T  O  L  E  R  A  N  T  E  W  N  D
R  E  L  I  A  B  L  E  G  E  N  T  L  E
X  V  Q  G  X  P  A  T  I  E  N  T  U  Y
C  O  M  P  A  S  S  I  O  N  A  T  E  K
U  N  D  E  R  S  T  A  N  D  I  N  G  C
```

AFFECTIONATE	GENEROUS
LOVING	HAPPY
FRIENDLY	HONEST
ATTENTIVE	HOSPITABLE
GENUINE	PATIENT
COMPASSIONATE	RESPECTFUL
UNDERSTANDING	RECEPTIVE
GENTLE	TOLERANT
RELIABLE	HELPFUL

28 - Corps Humain

```
F M D V H A N D S O N M S S
A K P W G P I C L F E V F X
C N N I S R Y X S K C H I N
E A M O U T H J V S K E Q Z
D N B O S Q A V X K E A H U
R K P Y F E S H O U L D E R
M L I P S G T K Z G B I A F
Y E B L P L O N I L O M R I
J A W U M T M E Q N W S T N
B R A I N D A E L J M Z A G
O L Y F J B C B P R D P V E
Z F O Y N G H U V X E U F R
T B O O I N X Y C N O D G U
R N Y A D B J C V Z R D M Y
```

MOUTH	LIPS
BRAIN	HAND
ANKLE	JAW
NECK	CHIN
ELBOW	NOSE
HEART	EAR
FINGER	SKIN
STOMACH	BLOOD
SHOULDER	HEAD
KNEE	FACE

29 - Épices

```
K T K H V Y M T Y P S G J L
I V U D S O U R P A A A Z I
C Z C G S J X P N P F R C C
C O R I A N D E R R F L U O
A N G N L U C H J I R I R R
N I A G T T C I G K O C R I
I O U E P M F A N A N F Y C
S N P R E E N L R N W R K E
E E D P P G P T A D A D R I
R R Y X P K F I Q V A M D K
F E N N E L F Y F U O M O Q
A V Y E R B I T T E R R O N
G D L C U M I N F U F C M M
V A N I L L A C M S Q T Y Y
```

SOUR	GINGER
GARLIC	NUTMEG
BITTER	ONION
ANISE	PAPRIKA
CINNAMON	PEPPER
CARDAMOM	LICORICE
CORIANDER	SAFFRON
CUMIN	FLAVOR
CURRY	SALT
FENNEL	VANILLA

30 - Science

```
N L A B O R A T O R Y M F P
F A C T B I D T O Y C D J M
Q W T R U W M Y U Y L C M K
Q X W U T N I K K T I H P E
E X P E R I M E N T M E V C
B W V P M E T H O D A M M H
T A D O B S E R V A T I O N
M O A H O M O J Q V E C L P
H B T Q J L V M T L U A E H
Q A A G R A V I T Y C L C Y
F O S S I L D J U O W D U S
A T O M I N E R A L S J L I
O R G A N I S M Q H A O E C
P A R T I C L E S M H H S S
```

ATOM	METHOD
CHEMICAL	MINERALS
CLIMATE	MOLECULES
DATA	NATURE
EXPERIMENT	OBSERVATION
FACT	ORGANISM
FOSSIL	PARTICLES
GRAVITY	PHYSICS
LABORATORY	

31 - Chats

```
P  A  W  S  C  P  E  F  C  J  L  M  A  F
E  I  O  G  U  L  T  A  I  L  K  Q  F  U
R  I  M  H  R  A  W  O  O  L  A  B  F  N
S  S  J  Z  I  Y  G  I  N  Z  Y  W  E  N
O  H  H  W  O  F  H  M  L  K  A  G  C  Y
N  Y  U  Q  U  U  O  M  G  D  R  L  T  C
A  A  N  N  S  L  E  E  P  F  N  N  I  R
L  I  T  T  L  E  F  Q  C  A  U  C  O  A
I  C  E  P  O  Y  S  N  G  S  V  R  N  Z
T  Z  R  C  E  K  F  T  G  T  H  O  A  Y
Y  W  I  F  I  M  O  U  S  E  D  I  T  L
I  N  D  E  P  E  N  D  E  N  T  U  E  L
U  X  T  P  L  Y  Q  F  V  Q  L  N  M  S
E  D  M  D  E  B  H  A  N  D  L  W  V  N
```

AFFECTIONATE	INDEPENDENT
HUNTER	PAW
CURIOUS	PERSONALITY
SLEEP	LITTLE
FUNNY	TAIL
PLAYFUL	FAST
YARN	WILD
CRAZY	MOUSE
FUR	SHY
CLAW	

32 - Vêtements

```
F  P  J  E  A  N  S  U  N  B  C  S  J  R
H  A  S  A  N  D  A  L  S  R  H  C  A  N
O  N  S  Z  L  F  K  B  Z  A  M  A  C  B
Y  T  X  H  A  T  W  L  Z  C  Q  R  K  J
A  S  E  R  I  G  L  O  V  E  S  F  E  F
M  X  L  A  W  O  U  U  S  L  Q  T  T  P
G  O  N  O  P  U  N  S  X  E  B  E  L  T
I  X  L  F  L  R  A  E  X  T  O  U  S  M
W  O  S  C  R  A  O  U  C  Y  O  T  K  I
I  O  H  S  H  O  E  N  O  K  S  O  I  R
U  R  I  P  A  J  A  M  A  S  L  T  R  E
A  D  R  E  S  S  J  K  T  A  L  A  T  V
K  D  T  S  W  E  A  T  E  R  T  V  C  F
A  K  X  S  Z  B  D  C  M  V  V  T  H  E
```

BRACELET	SKIRT
BELT	COAT
HAT	FASHION
SHOE	PANTS
SHIRT	SWEATER
BLOUSE	PAJAMAS
NECKLACE	DRESS
SCARF	SANDALS
GLOVES	APRON
JEANS	JACKET

33 - Arts Visuels

```
A M A S T E R P I E C E U G
Y R J C O M P O S I T I O N
B X C N W C E R A M I C S Z
H E H H F B R K T K X W Z A
P W A X I S S P M F C L A Y
O Q L K L T P A R T I S T P
R T K Z M E E B V A W O U O
T P B F F N C C U D W B E T
R L E H T C T K T E E W E T
A D U N F I I S O U A B Q E
I K E P A L V D I L R S F R
T U R P C J E P M X Q E E Y
A H C R E A T I V I T Y J L
S P E N C I L V A R N I S H
```

ARCHITECTURE	PENCIL
CLAY	CREATIVITY
ARTIST	FILM
CERAMICS	PERSPECTIVE
MASTERPIECE	STENCIL
EASEL	PORTRAIT
WAX	POTTERY
COMPOSITION	PEN
CHALK	VARNISH

34 - Méditation

```
U N Z M O M Q B K A J P D C
R M V V U T Q R Z T N E H O
G P I K F S J N A T U R E M
Q U J B N S I D W E D S M P
P O S T U R E C A N M P O A
C L A R I T Y T K T J E T S
P E A C E D W A E I O C I S
O B S E R V A T I O N T O I
G R A T I T U D E N M I N O
M O V E M E N T L Q E V S N
B R E A T H I N G P N E Y N
K I N D N E S S A C T P O Q
C A L M A C C E P T A N C E
H A B I T S R I O U L I C X
```

ACCEPTANCE	MENTAL
ATTENTION	MOVEMENT
CALM	MUSIC
CLARITY	NATURE
COMPASSION	OBSERVATION
EMOTIONS	PEACE
AWAKE	PERSPECTIVE
KINDNESS	POSTURE
GRATITUDE	BREATHING
HABITS	

35 - Littérature

```
M E T A P H O R G S X A D D
B I O G R A P H Y V N N J E
M L C H Q R H Y T H M E B S
C O M P A R I S O N P C W C
A T R A G E D Y H V F D Q R
U R G C O N C L U S I O N I
T H E M E A L J N E C T O P
H Y A X H I N W Q J T E V T
O M M N P H L A I S I Y E I
R E U D A O H V L T O U L O
S J M F S L E B W Y N E C N
P O E T I C O M O L S J X S
L B D I A L O G U E B I A C
N A R R A T O R Y J W G S P
```

ANALOGY

ANALYSIS

ANECDOTE

AUTHOR

BIOGRAPHY

COMPARISON

CONCLUSION

DESCRIPTION

DIALOGUE

FICTION

METAPHOR

NARRATOR

POEM

POETIC

RHYME

NOVEL

RHYTHM

STYLE

THEME

TRAGEDY

36 - Nourriture #1

```
S M W X S Z S I N U H G J Z
T A I R X J O N I O N A U T
R F L L Z T U R N I P R I U
A I S A K P P V C B S L C N
W Q Z H D B A R L E Y I E A
B Q Y U M I S U G A R C A W
E A C J C U H M Q E L A S C
R T S H P H H L O K M R A I
R M E A T X Y E B R J R P N
Y N A F P I M M A Z C O G N
C O F F E E V O S A L T H A
S P I N A C H N I P E A R M
V L N E U B U J L X D A S O
P E Y U K W Y U W C I S X N
```

GARLIC	TURNIP
BASIL	ONION
COFFEE	BARLEY
CINNAMON	PEAR
CARROT	SALAD
LEMON	SALT
SPINACH	SOUP
STRAWBERRY	SUGAR
JUICE	TUNA
MILK	MEAT

37 - Jours et Mois

P Q R W O B M A R C H U K C
R G S I F E B R U A R Y B A
T L N K P D N U P G R L S L
S U J U L Y M G B O U U E E
A O E K Z B O S G F F S P N
T C F S J A N U A R Y U T D
U T R V D V D W E E K N E A
R O I X Q A A P R I L D M R
D B D R F I Y X A T J A B M
A E A W E D N E S D A Y E O
Y R Y J U N E F R Z M G R N
T W N O V E M B E R D J B T
T H U R S D A Y G X X D J H
T Y N Z I F N Y D H W F M V

AUGUST	TUESDAY
APRIL	MARCH
CALENDAR	WEDNESDAY
SUNDAY	MONTH
FEBRUARY	NOVEMBER
JANUARY	OCTOBER
THURSDAY	SATURDAY
JULY	WEEK
JUNE	SEPTEMBER
MONDAY	FRIDAY

38 - Championnat

```
L C H A M P I O N T Z I Q S
E H Z X I U U X M E E G T Y
A A Y V F W K F E N V A T P
G M G Z C N P R D D I M M E
U P S P O R T S A U C E F R
E I J L A O S J L R T S I S
M O Q U C F W U B A O F N P
F N E O H W F D Q N R B A I
Z S T R A T E G Y C Y O L R
Y H O V F W A E N E T X I A
Q I T O B R E A T H E R S T
N P E R F O R M A N C E T I
T O U R N A M E N T M H T O
M O T I V A T I O N M Y Q N
```

CHAMPION	MEDAL
CHAMPIONSHIP	MOTIVATION
ENDURANCE	PERFORMANCE
COACH	TO BREATHE
TEAM	SPORTS
FINALIST	STRATEGY
GAMES	TOURNAMENT
JUDGE	PERSPIRATION
LEAGUE	VICTORY

39 - Pirates

```
R A N C H O R I G O L D B L
Z U S W O R D O S C A R E R
T K M W O C A Q C L B B A D
R M A F O C E A N D A C C T
E H P K E T Z C A D I N H B
A F L A G J C D Q O Q E D X
S O N G L M A K A G R D N J
U Y J W D E V L F N T B R C
R J Y D O K E I D C G L B A
E L C O I N S W J R B E P P
A D V E N T U R E E Y G R T
C O W V K Q J D N W S E M A
V T G Z G K M W N O E N U I
P A R R O T C I I U Z D S N
```

ANCHOR	ISLAND
ADVENTURE	LEGEND
CAPTAIN	BAD
MAP	OCEAN
SCAR	GOLD
DANGER	PARROT
FLAG	COINS
SWORD	BEACH
CREW	RUM
CAVE	TREASURE

40 - Activités

```
A R E L A X A T I O N Y R I
P C E R A M I C S O O A E N
H C T N P F I S H I N G A T
O A W I T S E W I N G A D E
T M H C V E U D K P V M I R
O P G R J I R O I M Z E N E
G I P A I N T I N G A S G S
R N S F R H E Y G A Y G M T
A G K T Z D P G T R S G I S
P R I S G T E M Q T Q W I C
H T L U B C G N U E M D F K
Y B L N A H L E I S U R E I
P L E A S U R E P N P E U I
H U N T I N G N N B G T T C
```

ACTIVITY	GAMES
ART	READING
CRAFTS	LEISURE
CAMPING	MAGIC
CERAMICS	PAINTING
HUNTING	FISHING
SKILL	PHOTOGRAPHY
SEWING	PLEASURE
INTERESTS	HIKING
GARDENING	RELAXATION

41 - Fleurs

```
U  B  S  L  C  R  K  I  Z  L  R  H  M  F
K  O  R  C  H  I  D  Z  Y  I  J  P  L  R
S  U  N  F  L  O  W  E  R  L  A  O  C  G
D  Q  P  P  K  B  R  E  Q  Y  S  P  L  A
A  U  L  E  U  O  K  N  U  P  M  P  O  G
N  E  I  T  O  B  W  K  W  P  I  Y  V  A
D  T  L  F  R  N  L  A  V  E  N  D  E  R
E  U  A  Z  L  U  Y  Z  D  T  E  S  R  D
L  W  C  T  U  L  I  P  Y  A  Q  L  X  E
I  X  A  R  M  A  G  N  O  L  I  A  F  N
O  D  A  F  F  O  D  I  L  R  O  S  E  I
N  H  I  B  I  S  C  U  S  I  Y  V  Y  A
P  A  S  S  I  O  N  F  L  O  W  E  R  I
N  C  S  S  U  N  S  O  S  M  X  G  M  M
```

BOUQUET	ORCHID
GARDENIA	PASSIONFLOWER
HIBISCUS	POPPY
JASMINE	PETAL
DAFFODIL	DANDELION
LAVENDER	PEONY
LILAC	ROSE
LILY	SUNFLOWER
MAGNOLIA	CLOVER
DAISY	TULIP

42 - Nourriture #2

```
C E L E R Y Z Z G Y P G C M
H H W H E A T A T H R C A W
E A O M F B B R O C C O L I
R D M C K I W I A H C B A C
R A L M O N D C R E C P P I
Y U O K S L M E G G F T P X
G Z M B A N A N A G I Z L H
O R B T V G N T C P S W E A
A P A V L O G O E L H Y X D
F S L P L Q O E G A H W Z N
M Z Y Z E A U K G N X U Y G
T O M A T O P A C T I P X O
M U S H R O O M B R E A D H
C H I C K E N S B E H Q B T
```

ALMOND	KIWI
EGGPLANT	MANGO
BANANA	EGG
WHEAT	BREAD
BROCCOLI	FISH
CHERRY	APPLE
CELERY	CHICKEN
MUSHROOM	GRAPE
CHOCOLATE	RICE
HAM	TOMATO

43 - Océan

```
X P F E A Y O R G T P H D C
O X O I B W A V E S F Z K O
C F P T S W D O L P H I N R
T D K T D H S S Z O S A N A
O U S H T A T J G N H S R L
P X N D J L O H T G R E E K
U O R A L E R T K E I A F I
S Y Y H X X M G O E M W V F
A S V Q I B O A T L P E R F
T T U R T L E O B M C E E X
T E H O J N S A L T B D E Z
M R C R A B T D C J C D F O
I N K Z J E L L Y F I S H H
D M C G U F F E A Z Q H E W
```

SEAWEED	JELLYFISH
EEL	FISH
WHALE	OCTOPUS
BOAT	SHARK
CORAL	REEF
CRAB	SALT
SHRIMP	STORM
DOLPHIN	TUNA
SPONGE	TURTLE
OYSTER	WAVES

44 - Remplir

```
K N L T C T F M A L J X U P
W R B R T J U O W P L J F A
B O X A B G Q B L G D X P D
O V Q Y S M F Z E D Z Y U X
T B W B M I D B A G E C P W
T O R E K N N A O J O R Q E
L P A C K E T R I Z J A R B
E B U C K E T R N F Z T Y A
F D R A W E R E S U V E Q S
A O O R K G A L R V E B R K
X K G T S U I T C A S E Q E
A L P O C K E T M S S G C T
I M E N V E L O P E E Q N U
W V G L H C Y Y S U L V W A
```

BARREL	PACKET
BASIN	TRAY
BOX	POCKET
BOTTLE	JAR
CRATE	BAG
CARTON	BUCKET
FOLDER	DRAWER
ENVELOPE	TUBE
VESSEL	SUITCASE
BASKET	VASE

45 - Ballet

```
G C H O R E O G R A P H Y M
I R B A L L E R I N A Y L U
N N A H O R C H E S T R A S
T C D C S L R C X S M B B C
E A A I E O C T P Q C F H L
N B P F Y F L A R B R B Z E
S L D P D S U O E K C D H S
I Q D O L R Y L S K I L L T
T P G G H A M I S V Q B R Y
Y E P J E C U M I A H R M L
D A N C E R S S V B O Q M E
Q W H H X Y I G E S T U R E
A U D I E N C E K I R P T G
I Z I J R H Y T H M L S F S
```

APPLAUSE	INTENSITY
BALLERINA	MUSCLES
CHOREOGRAPHY	MUSIC
SKILL	ORCHESTRA
DANCERS	AUDIENCE
EXPRESSIVE	RHYTHM
GESTURE	SOLO
GRACEFUL	STYLE

46 - Fruit

```
K  B  K  M  K  M  G  Y  F  B  W  G  J  N
H  I  K  Q  J  E  T  U  V  E  Q  U  P  E
Y  Z  W  P  V  L  D  B  L  R  H  A  I  C
S  O  Y  I  T  O  S  Q  N  R  V  V  N  T
T  G  Y  B  A  N  A  N  A  Y  S  A  E  A
M  E  L  H  J  N  A  L  E  M  O  N  A  R
A  X  R  R  A  S  P  B  E  R  R  Y  P  I
N  P  O  V  G  A  R  W  S  D  C  P  P  N
G  E  P  U  F  V  I  W  A  J  H  A  L  E
O  A  N  L  C  O  C  F  I  G  E  P  E  I
M  C  P  I  E  C  O  S  T  G  R  A  P  E
G  H  E  V  W  A  T  Z  I  D  R  Y  H  L
K  W  A  E  B  D  P  I  R  E  Y  A  C  R
H  C  R  B  P  O  Y  O  R  A  N  G  E  B
```

APRICOT	KIWI
PINEAPPLE	MANGO
AVOCADO	MELON
BERRY	NECTARINE
BANANA	ORANGE
CHERRY	PAPAYA
LEMON	PEACH
FIG	PEAR
RASPBERRY	APPLE
GUAVA	GRAPE

47 - Surf

```
X  B  R  M  H  G  G  C  N  R  P  F  P  N
C  Y  E  E  Q  Z  G  S  Z  Q  A  A  O  R
D  H  X  G  E  T  H  F  U  N  D  T  P  Q
O  B  Z  F  I  F  Q  O  R  V  D  H  U  Y
P  S  R  M  V  N  Z  A  R  R  L  L  L  E
W  H  S  Z  W  H  N  M  J  T  E  E  A  X
A  E  U  S  T  Y  L  E  Q  V  C  T  R  T
V  T  A  W  V  T  J  O  R  B  H  E  S  R
E  C  S  T  O  M  A  C  H  E  A  A  P  E
M  K  E  G  H  L  W  E  L  A  M  X  E  M
J  C  P  Y  V  E  C  A  J  C  P  A  E  E
T  O  S  W  I  M  R  N  M  H  I  J  D  S
S  T  R  E  N  G  T  H  C  R  O  W  D  S
L  Q  O  O  W  O  W  B  H  W  N  V  T  S
```

FUN	TO SWIM
ATHLETE	OCEAN
CHAMPION	PADDLE
BEGINNER	BEACH
STOMACH	POPULAR
EXTREME	REEF
STRENGTH	STYLE
CROWDS	WAVE
WEATHER	SPEED
FOAM	

48 - Technologie

```
F Z M D S T A T I S T I C S
K P B D I N T E R N E T O V
I Y R O L S L M S K K D M I
B L O G Q X P X V C D C P R
P A W X Y D F L F T V A U U
R E S E A R C H A B I M T S
S C E S Y K R J Q Y R E E A
E C R G Q A F O N T T R R M
C U R Q G P I E C E U A N E
U R N E W S L E D S A R Z S
R S K Z E A E O Q E L J Z S
I O Q N O N D I G I T A L A
T R S O F T W A R E W E Q G
Y B I Y N O A G P I M X H E
```

DISPLAY	BROWSER
BLOG	DIGITAL
CAMERA	BYTES
CURSOR	COMPUTER
DATA	FONT
SCREEN	RESEARCH
FILE	SECURITY
INTERNET	STATISTICS
SOFTWARE	VIRTUAL
MESSAGE	VIRUS

49 - Météo

```
R A I N B O W J X O Q Q X H
C A L M P Z C S D V I T K U
P L B R E E Z E U A Y O T R
Z C O A T M O S P H E R E R
Y R G U D U F T W R S N M I
D T K I D F L O I Z W A O C
C R D F G R O R N Y F D N A
L O O G J G Y M D F N O S N
I P U U Q B I C F B A A O E
M I X Y G M C P O L A R O R
A C U G T H U N D E R D N W
T A R Q T C T X J E S K Y G
E L T E M P E R A T U R E T
I C E W I F Y M H F O G B J
```

RAINBOW	HURRICANE
ATMOSPHERE	POLAR
BREEZE	DRY
FOG	DROUGHT
CALM	TEMPERATURE
SKY	STORM
CLIMATE	THUNDER
ICE	TORNADO
MONSOON	TROPICAL
CLOUD	WIND

50 - Châteaux

```
U  N  F  N  F  W  P  N  O  B  L  E  D  I
N  R  E  X  C  F  A  A  R  M  O  R  Y  K
I  I  U  U  P  W  K  L  L  B  T  I  N  K
C  X  D  R  A  G  O  N  L  A  B  O  A  A
O  V  A  W  P  O  P  R  I  N  C  E  S  S
R  N  L  I  C  R  O  W  N  U  A  E  T  H
N  E  R  F  T  O  W  E  R  T  T  K  Y  I
V  M  H  H  O  R  S  E  S  L  A  N  D  E
W  P  N  Y  P  R  I  N  C  E  P  I  C  L
P  I  Z  E  E  V  T  U  B  V  U  G  G  D
B  R  Q  H  S  W  O  R  D  R  L  H  J  K
Y  E  H  W  M  Z  R  A  E  Z  T  T  S  W
R  U  M  A  N  Y  V  J  T  S  X  B  J  P
K  I  N  G  D  O  M  O  U  J  S  F  V  D
```

ARMOR	FEUDAL
SHIELD	FORTRESS
CATAPULT	UNICORN
HORSE	WALL
KNIGHT	NOBLE
CROWN	PALACE
DRAGON	PRINCE
DYNASTY	PRINCESS
EMPIRE	KINGDOM
SWORD	TOWER

51 - Randonnée

```
W I L D G A U G H E A V Y O
P R E P A R A T I O N Q L R
U Q C S B M B Z R Z H M F I
Y A C X E D F O I V W L H E
W E A T H E R K O F E P W N
N Z M W C L I M A T E A T T
X G P B K G M A P Y S R I A
R D I I W U B S A V O K R T
C B N A N I M A L S H S E I
X L G M X D N T E U T W D O
B G I Y O E M O U N T A I N
U X O F F S T O N E S T Y O
E I R X F S U M M I T E E X
Y L N Q E N A T U R E R Y U
```

ANIMALS	WEATHER
BOOTS	MOUNTAIN
CAMPING	NATURE
MAP	ORIENTATION
CLIMATE	PARKS
WATER	STONES
CLIFF	PREPARATION
TIRED	WILD
GUIDES	SUN
HEAVY	SUMMIT

52 - Meubles

```
E  D  J  V  V  I  T  H  A  Z  E  T  C  B
B  L  A  M  P  I  L  L  O  W  A  D  J  O
E  E  O  J  K  X  G  R  Z  K  R  Q  N  O
D  X  N  M  J  E  H  H  A  M  M  O  C  K
D  G  L  C  H  A  I  R  E  X  O  C  U  C
M  R  J  Z  H  C  U  R  T  A  I  N  S  A
N  I  E  W  T  N  J  S  F  R  R  Y  H  S
K  L  R  S  F  I  J  H  U  M  E  E  I  E
R  W  L  R  S  U  L  E  T  C  T  R  O  C
E  C  B  P  O  E  T  L  O  H  V  C  N  K
V  C  V  Y  J  R  R  V  N  A  I  G  S  X
I  E  R  D  E  S  K  E  G  I  A  G  V  T
M  A  T  T  R  E  S  S  M  R  R  U  G  Q
J  Q  B  G  C  O  U  C  H  V  I  O  F  W
```

ARMOIRE	FUTON
BENCH	HAMMOCK
BOOKCASE	LAMP
DESK	BED
COUCH	MATTRESS
CHAIR	MIRROR
DRESSER	PILLOW
CUSHIONS	CURTAINS
SHELVES	RUG
ARMCHAIR	

53 - Art

```
P W F I O R I G I N A L P P
A O C D D O N V H C C P O E
I S E H S P S Y M B O L R R
N C R T E P P M L V M S T S
T U A R R Q I Q O G P U R O
I L M J Q Y R W E R L B A N
N P I Q V Q E B Y A E J Y A
G T C X M Z D F E U X E V L
S U R R E A L I S M M C I I
I R H O N E S T A D O T S W
M E F I G U R E F G O S U F
P N X Q L B P X V I D C A H
L U R P W G C R E A T E L V
E C O M P O S I T I O N M W
```

CERAMIC
COMPLEX
COMPOSITION
CREATE
PORTRAY
FIGURE
HONEST
MOOD
INSPIRED
ORIGINAL

PAINTINGS
PERSONAL
POETRY
SCULPTURE
SIMPLE
SUBJECT
SURREALISM
SYMBOL
VISUAL

54 - Nutrition

```
A  B  S  W  T  Y  L  F  P  K  F  H  D  Q
B  P  X  A  I  V  D  I  R  J  J  S  U  U
A  O  P  H  U  S  I  R  Q  D  I  E  T  A
L  D  G  E  E  C  G  M  V  U  O  L  O  L
A  A  P  A  T  H  E  H  I  O  I  E  V  I
N  B  F  L  R  I  S  L  T  J  K  D  X  T
C  P  L  T  C  Z  T  Q  A  W  T  I  S  Y
E  R  A  H  E  R  I  E  M  E  X  B  P  C
D  O  V  G  F  O  O  K  I  F  N  L  I  L
S  T  O  X  I  N  N  U  N  P  S  E  C  S
F  E  R  M  E  N  T  A  T  I  O  N  E  F
B  I  W  F  R  C  A  L  O  R  I  E  S  J
Q  N  Q  H  E  A  L  T  H  Y  M  T  K  M
A  S  B  I  T  T  E  R  W  E  I  G  H  T
```

BITTER	WEIGHT
APPETITE	PROTEINS
CALORIES	QUALITY
EDIBLE	HEALTHY
DIET	HEALTH
DIGESTION	SAUCE
SPICES	FLAVOR
BALANCED	TOXIN
FERMENTATION	VITAMIN
LIQUIDS	

55 - Science Fiction

```
F  U  T  S  C  E  N  A  R  I  O  O  U  O
C  A  C  L  Y  I  X  W  O  R  L  D  T  R
F  O  N  Y  L  O  R  T  M  H  I  I  O  A
E  U  S  T  V  E  O  L  R  L  X  Q  P  C
X  H  T  I  A  I  B  T  R  E  B  E  I  L
P  F  E  U  V  S  O  A  Y  Y  M  Y  A  E
L  D  C  X  R  N  T  O  O  H  U  E  S  V
O  U  H  U  I  I  S  I  G  A  L  A  X  Y
S  M  N  F  R  Y  S  L  C  I  N  E  M  A
I  B  O  O  K  S  U  T  I  C  Y  L  E  T
O  P  L  A  N  E  T  F  I  R  E  E  A  O
N  L  O  A  R  D  P  O  O  C  T  F  X  M
V  I  G  M  Y  S  T  E  R  I  O  U  S  I
Z  I  Y  I  L  L  U  S  I  O  N  X  F  C
```

ATOMIC	BOOKS
CINEMA	WORLD
EXPLOSION	MYSTERIOUS
EXTREME	ORACLE
FANTASTIC	PLANET
FIRE	ROBOTS
FUTURISTIC	SCENARIO
GALAXY	TECHNOLOGY
ILLUSION	UTOPIA

56 - Vertus #1

```
Y  B  C  C  D  R  X  K  R  F  V  H  P  M
A  A  O  U  E  S  E  J  T  X  G  M  A  O
W  L  N  R  C  T  T  L  E  T  T  N  T  D
H  T  F  I  I  C  G  O  I  I  U  A  I  E
C  R  I  O  S  N  X  E  I  A  O  E  E  S
H  L  D  U  I  D  A  C  N  Q  B  G  N  T
A  D  E  S  V  A  G  D  G  E  A  L  T  Z
R  J  N  A  E  R  G  O  O  D  R  G  E  X
M  P  T  G  N  T  W  I  S  E  R  O  A  O
I  P  A  S  S  I  O  N  A  T  E  U  U  E
N  P  F  G  M  S  M  F  U  N  N  Y  B  S
G  A  I  I  N  T  E  L  L  I  G  E  N  T
P  R  A  C  T  I  C  A  L  N  H  L  K  X
I  E  F  F  I  C  I  E  N  T  T  E  K  G
```

ARTISTIC	GENEROUS
GOOD	INTELLIGENT
CHARMING	MODEST
CONFIDENT	PASSIONATE
CURIOUS	PATIENT
DECISIVE	PRACTICAL
FUNNY	CLEAN
EFFICIENT	WISE
RELIABLE	

57 - Professions #1

```
D A N C E R R R R G Q X P W
R F P N J X M X J E S L L C
V L I U E Q B L K O C C U V
N Q A R W C N B F L I A M Z
B I N S E B O Q Q O E T B A
N Q I E L F T L N G N T E Y
C P S F E N I E D I T O R H
Z F T G R W Y G A S I R D U
M U S I C I A N H T S N O N
C I Z R U M I W Y T T E C T
K O O B L L K W Y T E Y T E
V W A M B A S S A D O R O R
A W A C Q B A N K E R H R Y
P S Y C H O L O G I S T U B
```

AMBASSADOR	NURSE
ATTORNEY	DOCTOR
BANKER	MUSICIAN
JEWELER	PIANIST
HUNTER	PLUMBER
DANCER	FIREFIGHTER
COACH	PSYCHOLOGIST
EDITOR	SCIENTIST
GEOLOGIST	

58 - Géologie

```
P  J  Q  V  O  L  E  E  R  O  S  I  O  N
R  L  B  U  L  H  V  E  A  J  T  Q  V  C
T  L  A  V  A  C  I  D  O  J  A  Y  O  A
Z  L  F  T  E  R  Z  R  M  D  L  F  L  L
G  T  A  E  E  X  T  Z  I  C  A  O  C  C
I  C  Z  Y  G  A  S  Z  N  O  C  S  A  I
M  O  L  T  E  N  U  O  E  N  T  S  N  U
T  R  D  O  Y  R  O  N  R  T  I  I  O  M
D  A  H  H  S  D  H  E  A  I  T  L  A  T
T  L  Z  W  E  T  F  U  L  N  E  R  O  N
L  S  B  E  R  M  Y  U  S  E  S  A  L  T
C  A  V  E  R  N  F  E  P  N  K  X  F  F
D  S  H  I  S  T  O  N  E  T  Y  I  P  S
C  R  Y  S  T  A  L  S  Z  A  M  H  V  D
```

ACID	GEYSER
CALCIUM	LAVA
CAVERN	MINERALS
CONTINENT	STONE
CORAL	PLATEAU
LAYER	QUARTZ
CRYSTALS	SALT
EROSION	STALACTITE
MOLTEN	VOLCANO
FOSSIL	ZONE

59 - Cirque

```
E  B  A  Z  G  U  A  P  N  M  R  L  H  O
N  C  H  I  S  P  E  C  T  A  T  O  R  X
T  M  Q  B  H  M  L  L  E  G  T  Z  A  K
E  Z  P  O  O  K  E  O  N  I  L  I  O  N
R  D  H  L  W  T  P  W  T  C  T  Z  A  P
T  I  C  K  E  T  H  N  D  I  I  L  N  A
A  A  C  R  O  B  A  T  H  A  G  I  I  R
I  O  B  M  L  L  N  E  M  N  E  T  M  A
N  K  W  A  N  W  T  N  R  O  R  A  A  D
L  J  U  G  B  A  L  L  O  O  N  S  L  E
M  U  S  I  C  O  S  T  U  M  E  K  S  X
S  P  E  C  T  A  C  U  L  A  R  X  E  C
A  G  X  B  Q  C  U  S  A  Y  I  M  Y  Y
J  U  G  G  L  E  R  Y  L  Y  V  U  I  S
```

ACROBAT	MAGICIAN
ANIMALS	MAGIC
BALLOONS	SHOW
TICKET	MUSIC
CLOWN	PARADE
COSTUME	MONKEY
ENTERTAIN	SPECTACULAR
ELEPHANT	SPECTATOR
JUGGLER	TENT
LION	TIGER

60 - Jardin

```
H  K  V  Q  H  T  R  Y  Z  M  G  S  H  U
S  O  R  S  A  R  A  F  T  L  A  W  N  G
T  O  S  J  M  E  K  L  G  A  R  D  E  N
E  V  I  E  M  E  E  O  R  O  A  O  F  P
R  X  I  L  O  Y  M  W  A  G  G  R  E  B
R  J  X  M  C  L  Q  E  S  P  E  C  N  H
A  N  M  H  K  V  E  R  S  O  B  H  C  N
C  T  R  A  M  P  O  L  I  N  E  A  E  Z
E  N  I  J  V  T  W  A  Y  D  T  R  J  T
B  U  S  H  I  C  M  Z  G  A  W  D  I  M
Q  E  X  Q  N  W  T  I  L  J  T  N  N  M
Y  U  N  C  E  B  B  L  I  R  V  G  V  D
M  S  R  C  S  W  S  H  O  V  E  L  Z  X
Q  N  Y  C  H  Z  A  M  W  W  E  E  D  S
```

TREE	WEEDS
BENCH	SHOVEL
BUSH	LAWN
FENCE	RAKE
POND	SOIL
FLOWER	TERRACE
GARAGE	TRAMPOLINE
HAMMOCK	HOSE
GRASS	ORCHARD
GARDEN	VINE

61 - Barbecues

```
H  M  D  M  I  B  E  B  W  T  I  T  S  S
J  C  X  J  D  R  P  R  F  T  E  R  A  U
L  U  N  C  H  N  M  G  A  M  E  S  L  M
F  A  M  I  L  Y  N  R  K  S  W  I  A  M
C  R  M  K  V  V  D  I  N  N  E  R  D  E
D  Z  U  N  H  E  N  L  I  M  P  N  S  R
O  O  S  I  D  U  G  L  S  A  U  C  E  K
L  N  I  V  T  P  N  E  P  P  B  I  E  J
G  X  C  E  M  E  Y  G  T  G  X  R  M  O
D  D  W  S  A  P  R  Z  E  A  P  S  T  N
S  A  L  T  R  P  H  O  T  R  B  H  R  I
C  H  I  C  K  E  N  N  O  J  P  L  D  O
D  F  A  J  W  R  C  H  I  L  D  R  E  N
C  T  O  M  A  T  O  E  S  R  U  C  F  S
```

HOT	GAMES
KNIVES	VEGETABLES
LUNCH	MUSIC
DINNER	ONIONS
CHILDREN	PEPPER
SUMMER	CHICKEN
HUNGER	SALADS
FAMILY	SAUCE
FRUIT	SALT
GRILL	TOMATOES

62 - Anniversaire

```
C A R D S P E C I A L W F G
T Q I C A L E N D A R I U I
P A Y N P C X R A G K S N F
Y O Z E V M A W Y S R D U T
C A K E A I R N N H Z O B R
S G P H G R T B D E D M O Q
T O L E A R N A Z L L Y R J
B H A P P Y B D T J E T N O
F R I E N D S M J I S S K Y
V C B M Q P J Q J Y O M L F
C E L E B R A T I O N N N U
L I M R K U A I Z U G Y S L
V G B M B D O M Y N U F Q U
X K E L E W Q E B G B V T M
```

FRIENDS	CAKE
FUN	HAPPY
YEAR	INVITATIONS
TO LEARN	YOUNG
CANDLES	DAY
GIFT	JOYFUL
CALENDAR	BORN
CARDS	WISDOM
SONG	SPECIAL
CELEBRATION	TIME

63 - Animaux de Compagnie

```
K L N P K C F Y C O L L A R
Q I E Q B L O K A F O H W W
K Z T W Q A O W T Q Z A C W
G A U T I W D A L H I M S Z
P R R C E S O T E R V S K M
A D T I Y N G E A N K T B N
R R L B J A O R S D G E F T
R V E J S K A A H Z T R I T
O T H V B S T B C U B B S A
T Z H H N A B B Z P K K H I
J D Y H F S U I M O U S E L
U D N N S D U T B K E P H N
V E T E R I N A R I A N P C
I B L S Q I B C I G B H X Y
```

CAT   RABBIT
KITTEN   LIZARD
GOAT   FOOD
DOG   PARROT
PUPPY   FISH
COLLAR   TAIL
WATER   MOUSE
CLAWS   TURTLE
HAMSTER   COW
LEASH   VETERINARIAN

64 - Forêt Tropicale

```
F  J  P  T  N  V  W  V  K  I  M  Z  J  W
I  M  A  M  M  A  L  S  P  N  O  Q  U  O
B  I  R  D  S  L  C  P  R  S  S  M  N  K
T  E  O  R  U  U  L  Y  E  E  S  R  G  V
N  I  O  I  V  A  I  C  S  C  A  E  L  D
N  A  N  K  G  B  M  L  E  T  M  S  E  I
K  L  T  D  V  L  A  O  R  S  P  T  S  V
H  N  J  U  I  E  T  U  V  W  H  O  U  E
S  E  H  Z  R  G  E  D  A  N  I  R  R  R
Y  F  B  Z  C  E  E  S  T  E  B  A  V  S
R  E  S  P  E  C  T  N  I  M  I  T  I  I
D  H  R  E  F  U  G  E  O  M  A  I  V  T
S  P  E  C  I  E  S  N  N  U  N  O  A  Y
C  O  M  M  U  N  I  T  Y  R  S  N  L  C
```

AMPHIBIANS	NATURE
CLIMATE	CLOUDS
COMMUNITY	BIRDS
DIVERSITY	VALUABLE
SPECIES	PRESERVATION
INDIGENOUS	REFUGE
INSECTS	RESPECT
JUNGLE	RESTORATION
MAMMALS	SURVIVAL
MOSS	

65 - Insectes

```
G  C  M  C  G  G  J  L  A  R  V  A  W  H
R  I  O  H  O  N  J  S  J  U  J  F  T  I
A  C  S  O  O  C  A  E  E  L  F  B  E  E
S  A  Q  R  L  M  K  T  B  T  P  E  R  P
S  D  U  N  A  A  B  R  X  S  S  E  M  W
H  A  I  E  P  N  U  I  O  W  Z  T  I  O
O  K  T  T  H  T  T  P  W  A  G  L  T  R
P  S  O  U  I  I  T  F  L  S  C  E  E  M
P  E  Z  S  D  S  E  T  I  P  C  H  F  U
E  C  U  B  A  D  R  L  A  D  Y  B  U  G
R  J  Y  H  T  L  F  L  E  A  Q  H  G  Z
V  X  X  E  Q  L  L  Z  N  N  L  K  V  J
Y  Y  A  J  R  W  Y  U  T  Y  O  B  C  Y
L  O  C  U  S  T  B  R  I  Q  Q  J  U  O
```

BEE	GNAT
COCKROACH	MOSQUITO
CICADA	BUTTERFLY
LADYBUG	FLEA
LOCUST	APHID
ANT	GRASSHOPPER
HORNET	BEETLE
WASP	TERMITE
LARVA	WORM
MANTIS	

66 - Ferme #1

```
F B A F M D H G D Q N H H X
I E G V S C A T C I Y K P T
E E R P E A Y L J O X G R H
L N I T U L Q O Q S W J X Y
D V C U I F L O C K C G V F
O R U U E L K W A T E R B A
G C L Z M X I G D O N K E Y
O Y T R B C B Z R M F I E M
A D U Q H O R S E C V F F V
T M R L H Z I T S R B G O Q
F I E Q T X C H I C K E N L
B I S O N W E R Q L I X F D
F E N C E H G H O N E Y D N
B B O Y S N I J B W F N F Q
```

BEE	CROW
AGRICULTURE	WATER
DONKEY	FERTILIZER
BISON	HAY
FIELD	HONEY
CAT	CHICKEN
HORSE	RICE
GOAT	FLOCK
DOG	COW
FENCE	CALF

67 - Escalade

```
W  W  Q  D  U  Z  C  A  V  E  N  H  U  P
G  U  I  D  E  S  H  S  Y  I  A  I  C  H
J  Z  N  T  A  T  A  L  L  Y  R  K  U  Y
N  S  J  B  L  A  L  J  O  M  R  I  R  S
R  T  U  O  T  B  L  X  N  L  O  N  I  I
E  I  R  O  I  I  E  X  D  Z  W  G  O  C
X  H  Y  T  T  L  N  G  L  O  V  E  S  A
P  E  J  S  U  I  G  A  D  S  H  M  I  L
E  L  J  G  D  T  E  J  I  P  C  G  T  T
R  M  A  P  E  Y  S  B  J  Z  U  T  Y  H
T  E  N  H  S  T  R  E  N  G  T  H  L  L
T  T  H  G  A  T  M  O  S  P  H  E  R  E
L  I  Y  T  R  A  I  N  I  N  G  V  S  M
G  C  J  C  T  E  R  R  A  I  N  E  X  F
```

ALTITUDE	STRENGTH
ATMOSPHERE	TRAINING
INJURY	GLOVES
BOOTS	CAVE
MAP	GUIDES
HELMET	PHYSICAL
CURIOSITY	HIKING
CHALLENGES	STABILITY
EXPERT	TERRAIN
NARROW	

68 - École #2

```
W V G W E O V L D C Z U R R
R G R E A D I N G A B Y A U
I M A Q N N Q S P R U P C X
T F M L I B R A R Y S K T J
I A M I S C I S S O R S I N
N F A T H O M E W O R K V W
G T R E D U C A T I O N I P
L E A R N I N G G I B W T E
B A H A P A P E R A V F I N
O C H T A Q T C N F M W E C
O H S U F S C I E N C E S I
K E I R C A L E N D A R S L
S R I E D I C T I O N A R Y
I C O M P U T E R M H I K C
```

ACTIVITIES	WRITING
LEARNING	EDUCATION
LIBRARY	GRAMMAR
BUS	GAMES
CALENDAR	READING
SCISSORS	LITERATURE
PENCIL	BOOKS
HOMEWORK	COMPUTER
DICTIONARY	PAPER
TEACHER	SCIENCE

69 - Antarctique

```
M E X P E D I T I O N O A W
W I B A Y W F G V B M R S A
H C G E B R O C K Y I R I T
A E M R N T Z D V N N R C E
L A E Q A V S H Q F E Y D R
E X C Z C T I C K P R H O S
S F K L O Y I R M G A S I C
I S L A N D S O O X L D C Y
L G I O T V W Z N N S T W I
J A E B I W L Z D M M H I I
S C I E N T I F I C C E T A
P N F P E N I N S U L A N V
A C C N N G L A C I E R S T
J B V V T G E O G R A P H Y
```

BAY	GLACIERS
WHALES	ISLANDS
CONTINENT	MIGRATION
WATER	MINERALS
ENVIRONMENT	BIRDS
EXPEDITION	PENINSULA
GEOGRAPHY	ROCKY
ICE	SCIENTIFIC

70 - Professions #2

```
L  I  B  R  A  R  I  A  N  Q  I  W  P  W
S  P  H  I  L  O  S  O  P  H  E  R  P  W
R  U  P  I  L  O  T  J  Q  I  I  J  H  E
E  P  R  Q  F  V  E  G  M  E  L  O  O  L
S  H  L  G  T  X  P  Y  M  N  L  J  T  K
E  Y  I  A  E  W  A  F  E  G  U  J  O  M
A  S  N  R  A  O  I  I  X  I  S  R  G  D
R  I  G  D  C  I  N  V  E  N  T  O  R  E
C  C  U  E  H  Q  T  S  T  E  R  T  A  N
H  I  I  N  E  V  E  V  M  E  A  Z  P  T
E  A  S  E  R  F  R  V  J  R  T  F  H  I
R  N  T  R  G  Y  L  I  I  I  O  U  E  S
M  B  I  O  L  O  G  I  S  T  R  G  R  T
A  S  T  R  O  N  A  U  T  G  Q  S  I  N
```

ASTRONAUT	INVENTOR
LIBRARIAN	GARDENER
BIOLOGIST	LINGUIST
RESEARCHER	PHYSICIAN
SURGEON	PAINTER
DENTIST	PHILOSOPHER
TEACHER	PHOTOGRAPHER
ILLUSTRATOR	PILOT
ENGINEER	

71 - Les Abeilles

```
B L O S S O M U G L I I J H
P Q N U D T D W E A H X G O
Y U K N G Z S U M B R S S N
N E F W H H L V H P F D V E
B E N E F I C I A L R E E Y
S N V F M V L X B A U C F N
M W A X O E J G I N I O L I
O X A B B O C N T T T S O N
K Z P R M P D Q A S S Y W S
E B I B M B Z W T Z C S E E
P O L L E N I I Q Q G T R C
Q M W J J B T N B I J E S T
Y W Z H O X R G I D V M W U
M M D I V E R S I T Y O G G
```

WINGS	HABITAT
BENEFICIAL	INSECT
WAX	GARDEN
DIVERSITY	HONEY
SWARM	FOOD
ECOSYSTEM	PLANTS
BLOSSOM	POLLEN
FLOWERS	QUEEN
FRUIT	HIVE
SMOKE	SUN

72 - Dinosaures

```
D K G P L M A M M O T H E E
I R L R R C I O E V H Q N H
S V I E E E U M T A E K O E
A B N Y P L H N X P D P R R
P P G L T Y D I R C J L M B
P C R J I G N V S S S L O I
E Z A N L S N O P T F L U V
A X P R E L A R E A O A S O
R L T Z N R H E C I S R C R
A S O R S I E J I L S G I E
N I R V L Y V V E V I E W C
C Z W I N G S O S P L E D P
E E E A R T H F R W S U H G
H P O W E R F U L E R U X W
```

WINGS	OMNIVORE
CARNIVORE	PREHISTORIC
DISAPPEARANCE	PREY
SPECIES	POWERFUL
ENORMOUS	TAIL
FOSSILS	RAPTOR
LARGE	REPTILE
HERBIVORE	SIZE
MAMMOTH	EARTH

73 - Conduite

```
B  G  G  L  F  T  V  X  D  B  T  J  M  W
U  C  A  I  C  R  J  B  R  A  K  E  S  S
R  K  R  C  M  A  P  M  T  T  N  R  F  J
E  L  A  E  Y  F  G  Z  A  U  E  G  M  Z
D  M  G  N  G  F  F  B  C  N  U  A  E  T
T  O  E  S  N  I  H  H  C  N  P  S  V  R
R  T  H  E  S  C  N  S  I  E  O  M  X  Z
U  O  I  U  P  A  H  J  D  L  L  J  W  E
C  R  A  L  E  R  F  U  E  L  I  R  B  N
K  C  L  D  E  C  A  E  N  I  C  C  L  M
D  Y  B  T  D  N  R  S  T  R  E  E  T  O
O  C  Z  M  M  U  P  T  C  Y  D  Y  U  T
G  L  P  E  D  E  S  T  R  I  A  N  S  O
O  E  S  M  Z  U  Y  K  E  D  W  R  X  R
```

ACCIDENT	MOTORCYCLE
TRUCK	PEDESTRIAN
FUEL	POLICE
MAP	ROAD
DANGER	STREET
BRAKES	SAFETY
GARAGE	TRAFFIC
GAS	TUNNEL
LICENSE	SPEED
MOTOR	CAR

74 - Plantes

```
Z  F  S  B  E  A  N  T  E  E  V  Z  G  F
B  O  T  A  N  Y  H  M  G  V  C  W  W  E
T  L  H  B  R  Q  A  K  R  A  C  D  U  R
F  I  V  T  G  O  X  A  Z  E  K  O  H  T
B  A  M  B  O  O  O  Y  B  K  S  Y  N  I
F  G  T  V  E  G  E  T  A  T  I  O  N  L
B  E  R  O  W  T  F  L  O  W  E  R  F  I
K  N  E  F  M  F  D  K  M  G  U  S  O  Z
I  R  E  K  L  M  C  P  J  C  R  I  R  E
V  C  E  G  F  O  I  E  N  V  G  A  E  R
Y  T  J  G  V  S  R  T  G  Z  B  U  S  H
C  A  C  T  U  S  G  A  R  D  E  N  T  S
P  B  E  R  R  Y  C  L  O  R  G  Z  K  T
W  Z  H  T  G  Y  M  W  W  V  E  Z  K  E
```

TREE	FOREST
BERRY	GROW
BAMBOO	BEAN
BOTANY	GRASS
BUSH	GARDEN
CACTUS	IVY
FERTILIZER	MOSS
FOLIAGE	PETAL
FLOWER	ROOT
FLORA	VEGETATION

75 - Ferme #2

```
G T M D Q Z B B Z V D V N O
F S H E E P A H E D A U B A
O W W B C H R M L E Y C C E
O W H E A T N B K O H D R K
D L V E G E T A B L E I W T
J Q S M U O F R U I T E V R
A N T H T U A L M J V E A E
N L R Q C L R E E M I L K O
I N A O L L M Y A D Q Z O R
M Y C M U A E X D U A P R C
A S T N B M R V O C O R N H
L R O Q K A A V W R B S U A
S I R R I G A T I O N E M R
S H E P H E R D S L T O H D
```

LAMB	LLAMA
FARMER	VEGETABLE
ANIMALS	CORN
SHEPHERD	SHEEP
WHEAT	FOOD
DUCK	BARLEY
FRUIT	MEADOW
BARN	BEEHIVE
IRRIGATION	TRACTOR
MILK	ORCHARD

76 - École #1

```
C T O L E A R N Q M M A T H
L G T U W L H Q U F A M Q G
A B G N Y P J L I B R A R Y
S O K C C H J U Z S K B L U
S O F H Y A F O L D E R S O
R K R U Z B G H Y G R C D R
O S I C N E X A M S S H E Z
O T E Y H T E A C H E R S M
M Z N K P A X R Z Q F V K M
K E D Z A E I G A Q Z P L I
B L S L P T J R N C L H F X
O G U P E N C I L S X C I I
Y E V G R A N S W E R S X Y
W L A N U M B E R S I I U T
```

ALPHABET	TEACHER
FRIENDS	EXAMS
FUN	BOOKS
TO LEARN	MARKERS
LIBRARY	MATH
DESK	NUMBERS
CHAIR	PAPER
PENCIL	QUIZ
LUNCH	ANSWERS
FOLDERS	CLASSROOM

77 - Vacances #2

```
I  C  A  M  P  I  N  G  Y  O  X  A  F  A
R  E  S  T  A  U  R  A  N  T  F  Q  I  Z
D  R  T  A  I  P  Y  I  Q  B  N  B  B  R
E  E  R  X  R  S  T  X  S  E  A  O  E  K
S  S  A  I  P  C  G  H  O  L  I  D  A  Y
T  E  I  L  O  P  A  X  G  V  A  J  C  A
I  R  N  E  R  J  H  P  U  I  P  N  H  T
N  V  Y  I  T  T  H  O  N  S  Q  X  D  E
A  A  F  S  J  W  E  F  T  A  J  J  B  N
T  T  H  U  E  O  G  O  D  O  F  U  V  T
I  I  O  R  U  I  P  G  N  C  S  E  V  Q
O  O  T  E  P  A  S  S  P  O  R  T  X  O
N  N  E  U  N  F  O  R  E  I  G  N  E  R
U  S  L  J  O  U  R  N  E  Y  V  V  I  F
```

AIRPORT	PHOTOS
CAMPING	BEACH
MAP	RESTAURANT
DESTINATION	RESERVATIONS
FOREIGNER	TAXI
HOTEL	TENT
ISLAND	TRAIN
LEISURE	HOLIDAY
SEA	VISA
PASSPORT	JOURNEY

78 - Temps

```
A  Z  T  X  R  D  V  W  G  T  D  O  W  S
F  X  Y  N  H  F  A  M  O  R  N  I  N  G
T  B  E  F  O  R  E  Y  E  M  S  J  I  D
E  R  S  U  U  W  E  E  K  O  O  I  G  K
R  I  T  T  R  I  Q  A  C  N  A  O  H  B
F  K  E  U  J  B  D  R  A  T  N  D  T  U
J  F  R  R  U  H  T  Y  L  H  N  O  O  N
W  R  D  E  C  A  D  E  E  Q  U  V  O  Y
S  I  A  H  M  H  X  F  N  T  A  G  Y  X
R  O  Y  L  B  X  D  F  D  C  L  O  C  K
Q  V  O  Z  I  M  F  F  A  S  Y  I  L  P
S  O  G  N  G  E  Y  Z  R  K  B  P  Y  Y
M  I  N  U  T  E  C  E  N  T  U  R  Y  T
B  L  Y  P  N  M  F  F  R  B  B  F  Z  W
```

YEAR	CLOCK
ANNUAL	DAY
AFTER	NOW
BEFORE	MORNING
SOON	NOON
CALENDAR	MINUTE
DECADE	MONTH
FUTURE	NIGHT
HOUR	WEEK
YESTERDAY	CENTURY

79 - Maison

```
L A U W Z E S L S R R W S Z
T T T A F I Y A H J O L U P
B T E H P W R M O O O V R C
M I R R O R H P W F F A Z S
L C S U X V X C E I L I N G
G I F E N C E B R R N A T L
A A B X Q D B A U E D D Z J
R M R R Q T R S G P R O O M
D E O A A C E Z B L L O H W
E E O O G R T L F A N R K W
N C M H K E Y S P C P U V I
V I K I T C H E N E Q O E O
C U R T A I N S C I R P B A
W A L L F T P M A D X T K M
```

BROOM	ATTIC
LIBRARY	GARDEN
ROOM	LAMP
FIREPLACE	MIRROR
KEYS	WALL
FENCE	CEILING
KITCHEN	DOOR
SHOWER	CURTAINS
WINDOW	RUG
GARAGE	ROOF

80 - Légumes

```
G A R L I C I B E M E O S C
T V P M U S H R O O M L P A
O D P E A A T O L Q Y Y I R
M L B C W R D C I Z J S N R
A X U D E T K C V S D H A O
T D H J Z I T O E T X A C T
O E C B W C E L E R Y L H I
S G U R P H T I Q Z H L R P
A G C Y M O G U M E M O B A
L P U M P K I N R O K T V R
A L M B S E N F O N I O N S
D A B L L G G D W E I Z M L
D N E L M R E Q B S A P F E
A T R E A H R R A D I S H Y
```

GARLIC	SPINACH
ARTICHOKE	GINGER
EGGPLANT	TURNIP
BROCCOLI	ONION
CARROT	OLIVE
CELERY	PARSLEY
MUSHROOM	PEA
PUMPKIN	RADISH
CUCUMBER	SALAD
SHALLOT	TOMATO

81 - Plage

```
U S E W G B A B B W U H P O
M A S F K L S A N D O C K K
B N M U V U N L X T I Z X P
R D T G S E A C I S L A N D
E A T O W E L B R W N Z P L
L L S H E L L S O A P A B A
L S H M N A R J S A B O C G
A X W M Z T F D C D T N H O
V P X N X C T O S W I M U O
L Z S D N O P C F I P J T N
V K K S I A Z E K V A K B R
H D J S B S V A C A T I O N
C Y O E U T A N N C R E E F
P T U M E N S A I L B O A T
```

BOAT	OCEAN
BLUE	UMBRELLA
SHELLS	REEF
COAST	SAND
CRAB	SANDALS
DOCK	TOWEL
ISLAND	SUN
LAGOON	VACATION
SEA	SAILBOAT
TO SWIM	

82 - Famille

```
K R B C N E P H E W L G P C
D Q R O O I V P B K F R A H
E P O P E U E S L G K A T I
F A T H E R S C F R X N E L
A U H N D V P I E A D D R D
F N E F A I S R N N M F N H
H T R A U N C L E D O A A O
U H X N G W I E L M T T L O
S E K C H I L D L O H H W D
B I D E T F G U W T E E T D
A X S S E E S J X H R R X S
N S R T R M M A T E R N A L
D M Z O E L F J O R K G L R
M B U R M R C H I L D R E N
```

ANCESTOR
COUSIN
CHILDHOOD
CHILD
CHILDREN
WIFE
DAUGHTER
BROTHER
GRANDMOTHER
GRANDFATHER

HUSBAND
MATERNAL
MOTHER
NEPHEW
NIECE
UNCLE
PATERNAL
FATHER
SISTER
AUNT

83 - Oiseaux

```
M  P  I  G  E  O  N  J  M  O  G  U  L  L
S  E  V  A  J  Y  J  X  M  J  R  N  K  P
F  A  Z  Y  B  O  P  G  O  N  B  Z  G  U
K  C  F  I  M  S  P  A  R  R  O  W  C  C
I  O  I  C  S  T  E  A  G  L  E  S  R  U
F  C  S  A  H  R  L  Q  O  D  Q  T  O  C
P  K  W  P  E  I  I  I  O  O  F  O  W  K
A  E  A  O  R  C  C  D  S  V  U  R  T  O
R  E  N  U  O  H  A  K  E  E  G  K  O  O
R  K  O  G  N  B  N  D  E  E  G  G  U  A
O  H  J  D  U  C  K  N  Y  N  P  O  C  F
T  G  B  E  C  I  L  J  H  Q  I  P  A  M
U  E  H  Z  W  L  N  N  P  R  O  J  N  K
C  X  G  M  Y  I  H  S  L  H  O  O  E  V
```

EAGLE	SPARROW
OSTRICH	GULL
DUCK	EGG
STORK	GOOSE
DOVE	PEACOCK
CROW	PARROT
CUCKOO	PELICAN
SWAN	PIGEON
HERON	CHICKEN
PENGUIN	TOUCAN

84 - Disciplines Scientifiques

```
D N Y N E U R O L O G Y A P
R X P S Y C H O L O G Y N H
E C O L O G Y M B Q L W U S
P S M N F T M G E O L O G Y
C O A N A T O M Y W T D N P
Y C M E C H A N I C S I F H
B I O C H E M I S T R Y C Y
B O A R C H A E O L O G Y S
I L B C H E M I S T R Y D I
O O O O A S T R O N O M Y O
L G M E T E O R O L O G Y L
O Y V M M A Z O O L O G Y O
G C I M M U N O L O G Y D G
Y D B V S W A Y U F A Q V Y
```

ANATOMY	IMMUNOLOGY
ARCHAEOLOGY	MECHANICS
ASTRONOMY	METEOROLOGY
BIOCHEMISTRY	NEUROLOGY
BIOLOGY	PHYSIOLOGY
BOTANY	PSYCHOLOGY
CHEMISTRY	ROBOTICS
ECOLOGY	SOCIOLOGY
GEOLOGY	ZOOLOGY

85 - Émotions

```
S  P  S  D  K  V  V  L  F  H  C  R  U  R
B  Y  E  B  R  I  G  G  J  L  R  A  M  L
O  T  M  S  E  U  N  Q  K  C  J  M  L  A
R  E  B  P  L  V  Z  D  X  Y  K  Q  O  M
E  N  A  E  A  I  U  L  N  J  O  Y  V  C
D  D  R  A  X  T  L  S  B  E  H  P  E  O
O  E  R  C  E  J  H  P  X  P  S  X  H  N
M  R  A  E  D  G  F  Y  J  Z  L  S  F  T
G  N  S  J  R  E  X  C  I  T  E  D  V  E
W  E  S  Y  E  S  U  R  P  R  I  S  E  N
F  S  E  O  L  G  R  A  T  E  F  U  L  T
L  S  D  E  I  U  G  L  A  N  G  E  R  V
S  S  D  P  E  S  A  T  I  S  F  I  E  D
A  H  K  X  F  E  A  R  P  W  S  W  P  Y
```

LOVE	JOY
CALM	PEACE
ANGER	FEAR
CONTENT	GRATEFUL
RELAXED	RELIEF
EMBARRASSED	SATISFIED
BOREDOM	SURPRISE
EXCITED	SYMPATHY
KINDNESS	TENDERNESS

86 - Géographie

```
R  M  F  H  E  M  I  S  P  H  E  R  E  E
W  E  S  T  J  A  O  C  E  A  N  O  A  L
S  R  G  V  M  P  C  U  I  S  L  A  N  D
E  I  H  I  W  F  O  V  N  C  R  V  P  B
A  D  M  C  O  O  N  S  X  T  O  C  P  N
Z  I  E  O  R  N  T  A  C  O  A  P  C  O
C  A  W  U  L  L  I  T  J  O  L  I  G  R
U  N  R  N  D  A  N  L  T  C  T  P  N  T
R  E  Q  T  E  T  E  A  V  K  I  G  H  H
P  I  F  R  H  I  N  S  O  U  T  H  Z  V
K  J  V  Y  V  T  T  I  G  K  U  E  R  F
I  R  T  E  G  U  C  I  T  Y  D  Q  F  O
M  Q  X  U  R  D  L  G  I  D  E  R  G  C
K  S  P  K  T  E  R  R  I  T  O  R  Y  U
```

ALTITUDE	WORLD
ATLAS	MOUNTAIN
MAP	NORTH
CONTINENT	OCEAN
RIVER	WEST
HEMISPHERE	COUNTRY
ISLAND	REGION
LATITUDE	SOUTH
SEA	TERRITORY
MERIDIAN	CITY

87 - Danse

```
T A C A D E M Y M P A C V E
G R A C E I E Z O A C H I X
B H A D C C Z N V R S O S P
U Y T D Q U Y E E T C R U R
N T Z D I L I I M N A E A E
I H Y V C T D J E E M O L S
C M C D K U I P N R U G E S
J U B B W R A O T N S R M I
O O L O W A X S N P I A O V
Y L Z T D L K T I A C P T E
F M M G U Y K U A S L H I J
U J U M P R V R R S C Y O X
L T H I U N E E T X Z A N S
C L A S S I C A L D H Q P Y
```

ACADEMY	JOYFUL
ART	MOVEMENT
CHOREOGRAPHY	MUSIC
CLASSICAL	PARTNER
BODY	POSTURE
CULTURE	RHYTHM
CULTURAL	JUMP
EXPRESSIVE	TRADITIONAL
EMOTION	VISUAL
GRACE	

88 - Bâtiments

```
L F A C T O R Y G L K S Y C
T A P A R T M E N T X Y S A
E O B A R N U E P F W M U B
N A W O H O S P I T A L N I
T F R E R T H E A T E R I N
E G K G R A H R P R V D V I
C A S T L E T O K W B M E M
S E O C P R N O T P F U R L
C V G I N F H J R E N S S G
H J N N H Y L H B Y L E I A
O B S E R V A T O R Y U T R
O V P M E M B A S S Y M Y A
L S T A D I U M K V T M F G
S U P E R M A R K E T T A E
```

EMBASSY
APARTMENT
CABIN
CASTLE
CINEMA
SCHOOL
GARAGE
BARN
HOSPITAL
HOTEL

LABORATORY
MUSEUM
OBSERVATORY
STADIUM
SUPERMARKET
TENT
THEATER
TOWER
UNIVERSITY
FACTORY

89 - Pêche

```
H B T W T K P W I R E M Z N
V E O Y A T R E Y G E V F Y
B A C A X K J I G W J H E R
L C E B T Q S G I L L S Q E
F H A A Z P I H U J A U U H
V V N I R W A T E R K K I X
M Y Z T L K A T A I E D P V
B C Q B W U X D I V U W M O
H O Z A M B C V R E W J E F
N N J S H K Q K E R N K N D
L W P K C O O K L X V C T T
Z B S E O Q O W Z J A W E M
K D W T H O D K S E A S O N
E X A G G E R A T I O N Q O
```

BAIT	RIVER
BOAT	LAKE
GILLS	JAW
HOOK	OCEAN
COOK	BASKET
WATER	PATIENCE
EXAGGERATION	BEACH
EQUIPMENT	WEIGHT
WIRE	SEASON

90 - Activités et Loisirs

```
P F T O T K A N C F F S P B
S G A R D E N I N G I W A O
O R U T D C N L F Q S I I X
C A M P I N G N U G H M N I
C C R M V N X O I Y I M T N
E I E J I I S W L S N I I G
R N L M N T O Z O F G N N S
H G A Z G T R A V E L G G U
O K X V O L L E Y B A L L R
B Z I B A S K E T B A L L F
B U N H I K I N G O O K P I
I K G A R T A P C C I Y T N
E B A S E B A L L D R X R G
S Q N F H O P X E S H D L T
```

ART	HOBBIES
BASEBALL	PAINTING
BASKETBALL	FISHING
BOXING	DIVING
CAMPING	HIKING
RACING	RELAXING
SOCCER	SURFING
GOLF	TENNIS
GARDENING	VOLLEYBALL
SWIMMING	TRAVEL

91 - Livres

```
P  P  C  K  R  H  W  X  L  E  P  P  E  G
A  C  O  L  L  E  C  T  I  O  N  W  U  V
G  N  J  E  G  N  H  S  T  O  R  Y  B  O
E  O  Y  S  M  A  D  V  E  N  T  U  R  E
P  V  D  X  X  W  F  Y  R  A  I  C  H  P
O  E  M  F  T  A  P  R  A  R  N  O  I  I
E  L  T  R  E  A  D  E  R  R  V  N  S  C
T  A  U  T  H  O  R  L  Y  A  E  T  T  T
R  L  I  F  J  B  P  E  G  T  N  E  O  R
Y  T  A  S  R  B  Z  V  V  O  T  X  R  A
S  E  R  I  E  S  A  A  S  R  I  T  I  G
J  W  G  K  C  J  V  N  G  I  V  J  C  I
D  U  A  L  I  T  Y  T  H  P  E  E  A  C
W  H  U  M  O  R  O  U  S  V  N  I  L  N
```

AUTHOR	READER
ADVENTURE	LITERARY
COLLECTION	NARRATOR
CONTEXT	PAGE
DUALITY	RELEVANT
EPIC	POEM
STORY	POETRY
HISTORICAL	NOVEL
HUMOROUS	SERIES
INVENTIVE	TRAGIC

92 - Pays #2

```
X J A K T G F S P W F N B U
J R S Z Y N M E X I C O K G
A I R E L A N D H N K C O A
M H I G X P V C R D E H N N
A O D E N M A R K O N I L D
I L L K F N Q K Z N Y N E A
C S O M A L I A I E A A B B
A A L B A N I A Z S U D A N
F T U I R R K H N I T L N J
R R W R U S K W A A H A O A
A T Q H S Y R I A I F G N P
N L A O S W M C P U T G N A
C K R Y I M K J C G R I Z N
E Q D U A U K R A I N E E B
```

ALBANIA	LAOS
CHINA	LEBANON
DENMARK	MEXICO
FRANCE	UGANDA
HAITI	PAKISTAN
INDONESIA	RUSSIA
IRELAND	SOMALIA
JAMAICA	SUDAN
JAPAN	SYRIA
KENYA	UKRAINE

93 - Fournitures d'Art

```
F E P E N C I L S T B B V H
R M A A C R Y L I C Q R I H
X F P S S I N K W E R U C O
Q C E B E T S X A A I S O D
F H R S C L E G H E T H L V
W A T E R C O L O R S E O W
C R A B E Y W U S A O S R M
L C B K A I D E A S I U S G
A O L U T U H U N E L C J Q
Y A E Q I C A M E R A T Q Y
S L R B V R S Z R E B E X W
Z E I K I Y L I B Q X S T O
T U S E T T H Y L L Y H A T
X D S F Y C H A I R T F C Z
```

ACRYLIC	PENCILS
WATERCOLORS	CREATIVITY
CLAY	WATER
BRUSHES	INK
CAMERA	ERASER
CHAIR	OIL
CHARCOAL	IDEAS
EASEL	PAPER
GLUE	PASTELS
COLORS	TABLE

94 - Jouets

```
T R A I N D D V L W K I T E
B A F A V O R I T E Q M C C
I O X N P L V E T M T A R A
C M M Z Z L B O O K S G A R
Y D G A M E S R F I D I Y D
C C R A F T S O B S Q N O K
L N S U B W T B V D A A N A
E H C Z M P B O A T J T S T
C L A Y Z S F T C L M I L T
A I R P L A N E X H L O Z Y
Q K I C Z J A I M R E N G D
S T F L L D M T U T J S S F
Q T R U C K F Z X Z M U S G
W S N O N F P U Z Z L E A A
```

CLAY	IMAGINATION
CRAFTS	GAMES
AIRPLANE	BOOKS
BALL	DOLL
BOAT	PUZZLE
TRUCK	ROBOT
KITE	DRUMS
CRAYONS	TRAIN
CHESS	BICYCLE
FAVORITE	CAR

95 - Eau

```
E  J  C  O  L  S  S  N  R  M  T  X  G  R
P  V  M  Y  S  H  O  F  L  O  O  D  E  I
T  F  A  R  O  N  A  P  A  I  C  E  Y  V
W  D  Y  P  P  G  K  P  K  S  U  H  S  E
P  A  S  H  O  W  E  R  E  T  N  U  E  R
J  R  V  D  T  R  D  A  W  U  B  R  R  S
L  O  Q  E  F  A  A  Z  C  R  R  R  H  N
X  T  C  U  S  I  M  T  Q  E  Y  I  I  O
O  D  A  E  Y  N  P  Y  I  M  I  C  U  W
G  P  N  M  A  F  Y  U  P  O  T  A  N  J
S  K  A  Y  P  N  Z  W  L  B  N  N  C  G
Q  W  L  F  R  O  S  T  S  D  F  E  K  Y
M  O  N  S  O  O  N  S  T  E  A  M  L  T
I  R  R  I  G  A  T  I  O  N  P  I  F  U
```

CANAL	IRRIGATION
SHOWER	LAKE
EVAPORATION	MONSOON
RIVER	SNOW
FROST	OCEAN
GEYSER	HURRICANE
ICE	RAIN
DAMP	SOAKED
MOISTURE	WAVES
FLOOD	STEAM

96 - Paysages

```
I E M C W I S L A N D B V G
C S S E X X C S U V I E O E
L A E T I O A E S O X A L Y
X Z Y A U X V Q B B L C C S
K B L N A A E S R E I H A E
D E S E R T R V I Y R W N R
T H I L L U N Y V P L G O T
U B O L V B B P E O A S I S
N M W H A S Y G R M K G D B
D H A T L W D Q D L E B H U
R K A G L A C I E R P X L T
A U G I E M O U N T A I N K
U R K F Y P G F G K Q J K H
P E N I N S U L A G G D U G
```

HILL	SWAMP
DESERT	SEA
ESTUARY	MOUNTAIN
RIVER	OASIS
GEYSER	PENINSULA
GLACIER	BEACH
CAVE	TUNDRA
ICEBERG	VALLEY
ISLAND	VOLCANO
LAKE	

97 - Nombres

```
O T F L C F I F T E E N F T
X W B H R O N E E S O F I H
S E V E N U T I N I Y Y V R
G N H A D R Q W N X D M E E
Q T Q Y R T Q J E E R A S E
J Y Z V B E G F E L T Z E Z
D F H K U E M V I Z V E V E
E Q P Y Y N J N G E T E E K
T H I R T E E N H R W J N N
E I G H T E E N T O C T T I
F S L M R F R S I X T E E N
R O D E C I M A L K X Q E E
D M U U L Z O T W O C F N T
B L E R J T P M A N K F D F
```

FIVE	FOURTEEN
TWO	FOUR
DECIMAL	FIFTEEN
TEN	SIXTEEN
EIGHTEEN	SEVEN
NINETEEN	SIX
SEVENTEEN	THIRTEEN
TWELVE	THREE
EIGHT	TWENTY
NINE	ZERO

98 - Nature

```
K E Z O B C S T A V B H X H
S N D X G P E R N U T B D G
K A Y L G K R O I D H W E L
P H N A C Y E P M V Z L S A
R R A C F M N I A Q E C E C
E Q M M T R E C L G S R R I
R G I V Z U F A S F H B T E
O K C F B K A L Z O E E E R
S W I L D L A R K G L B S G
I F O R E S T Y Y V T Z T M
O Y L B C L O U D S E N H A
N Q E B E A U T Y C R H S A
Q Z W O P E A C E F U L N L
C E A A S A S A R C T I C V
```

BEES	RIVER
SHELTER	FOREST
ANIMALS	GLACIER
ARCTIC	CLOUDS
BEAUTY	PEACEFUL
FOG	SANCTUARY
DESERT	WILD
DYNAMIC	SERENE
EROSION	TROPICAL

99 - Bateaux

```
J  W  Y  B  U  O  Y  S  A  I  L  O  R  K
H  N  A  U  T  I  C  A  L  W  O  N  R  E
V  I  C  V  P  J  R  N  V  O  M  V  M  V
U  U  H  I  E  K  R  H  C  L  Y  S  X  G
K  G  T  W  C  S  H  S  S  L  T  M  I  X
O  V  O  Q  R  F  A  A  E  M  F  H  P  O
L  A  K  E  E  R  U  I  R  A  F  T  F  B
B  L  F  L  W  C  F  L  M  S  E  Y  D  O
E  N  G  I  N  E  M  B  X  T  R  O  P  E
P  Q  U  A  N  C  H  O  R  I  R  I  K  A
R  I  V  E  R  A  N  A  C  D  Y  S  D  N
K  A  Y  A  K  N  C  T  I  E  A  I  P  D
D  Y  K  X  F  O  D  M  Q  P  A  Z  T  N
Z  D  E  J  T  E  B  K  U  Z  K  N  V  R
```

ANCHOR	SAILOR
BUOY	MAST
CANOE	SEA
ROPE	ENGINE
CREW	NAUTICAL
FERRY	OCEAN
RIVER	RAFT
KAYAK	WAVES
LAKE	SAILBOAT
TIDE	YACHT

100 - Mesures

```
J  W  F  D  E  G  R  E  E  E  O  J  F  W
J  M  E  T  E  R  V  N  D  H  C  D  E  I
J  I  L  I  J  P  R  M  C  B  N  N  G  D
V  H  E  I  G  H  T  J  R  R  B  Q  O  T
G  C  N  C  T  H  O  H  R  F  E  J  V  H
I  T  G  K  D  Z  T  R  V  R  Y  C  D  R
G  N  T  Z  E  L  I  T  E  R  G  N  S  X
R  B  H  Y  C  E  N  T  I  M  E  T  E  R
A  Y  A  K  I  L  O  G  R  A  M  T  O  N
M  T  D  Q  M  I  N  U  T  E  A  G  X  I
X  E  C  A  A  Y  F  W  N  O  S  C  E  N
M  X  V  O  L  U  M  E  J  C  S  B  E  C
X  P  S  K  I  L  O  M  E  T  E  R  J  H
P  Z  C  E  E  S  V  U  U  G  S  E  S  H
```

CENTIMETER	MASS
DEGREE	METER
DECIMAL	MINUTE
GRAM	BYTE
HEIGHT	OUNCE
KILOGRAM	WEIGHT
KILOMETER	INCH
WIDTH	DEPTH
LITER	TON
LENGTH	VOLUME

Mots cachés

1 - Été
2 - Adjectifs #2
3 - Exploration

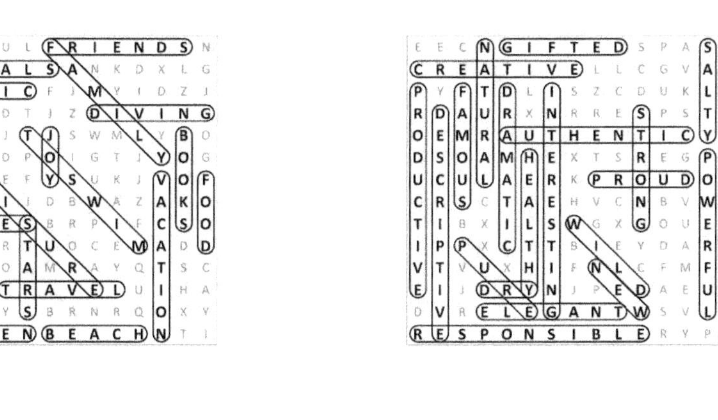

4 - Formes
5 - Adjectifs #1
6 - Instruments de Musique

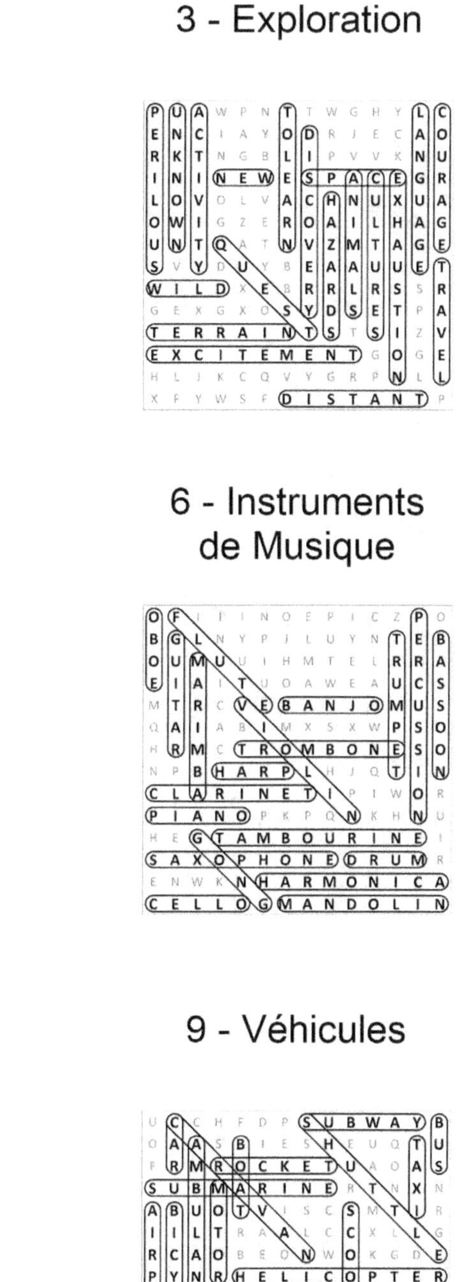

7 - Échecs
8 - Herboristerie
9 - Véhicules

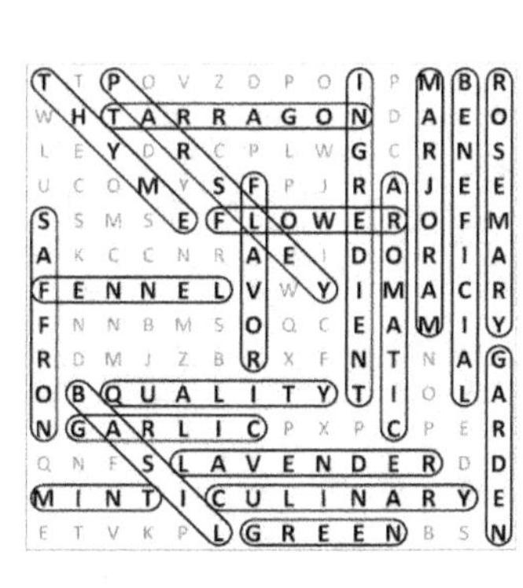
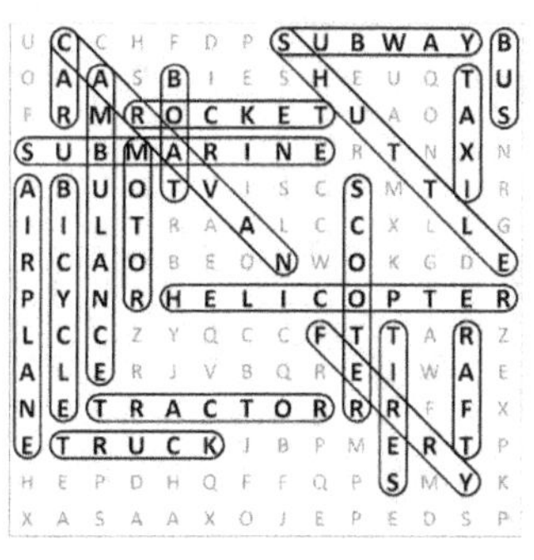

10 - Camping
11 - Conservation
12 - Écologie

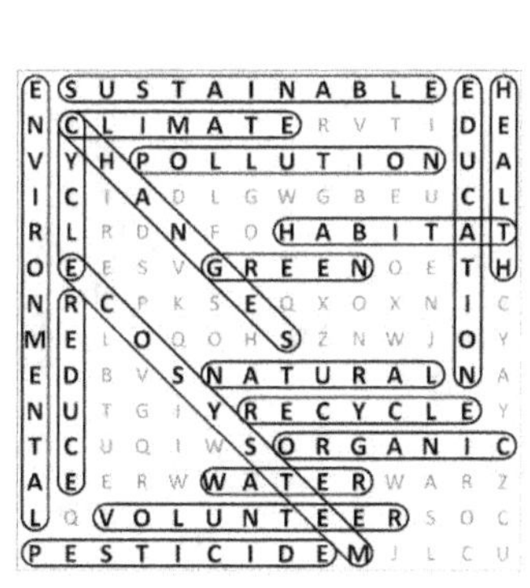
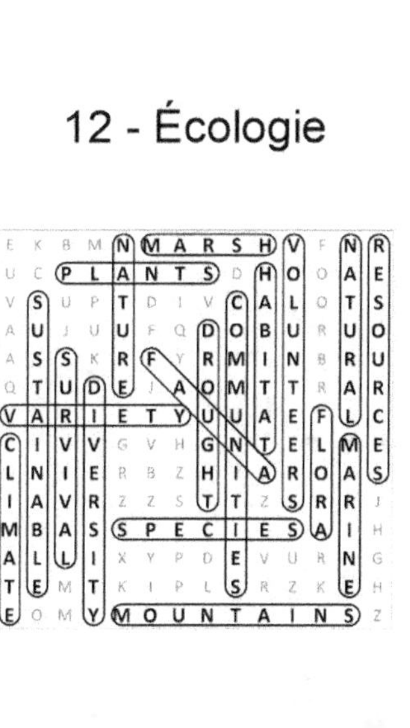

13 - Astronomie

14 - Types de Cheveux

15 - Restaurant #1

16 - Mammifères

17 - Sports

18 - Chocolat

19 - Mathématiques

20 - Mythologie

21 - Restaurant #2

22 - Couleurs

23 - Avions

24 - Aventure

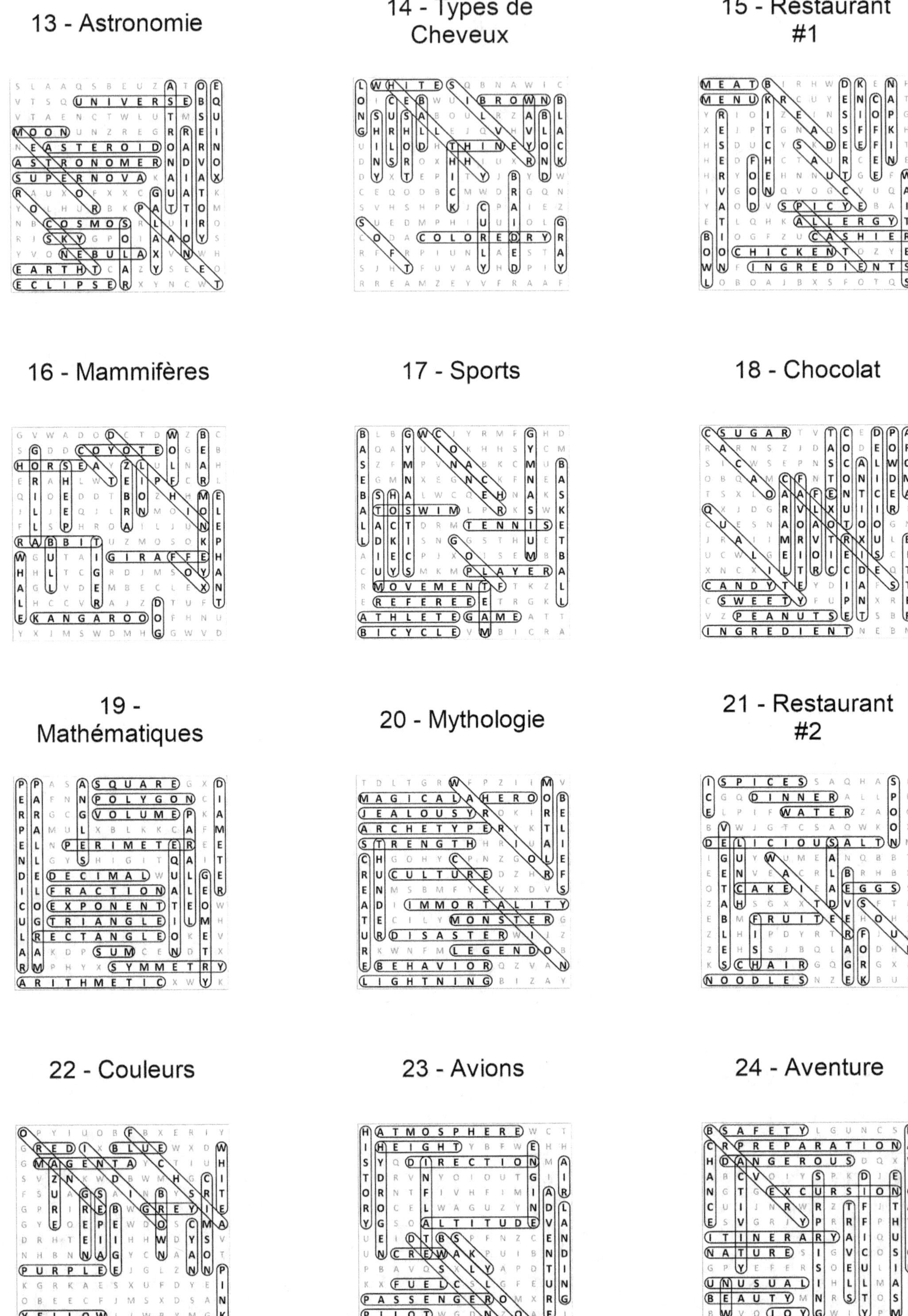

25 - Ville

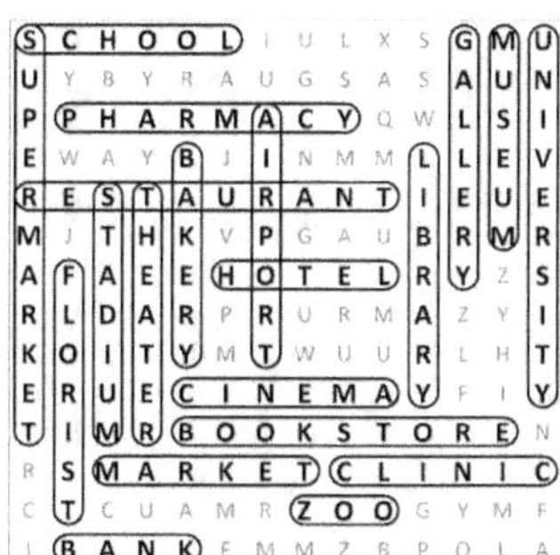

26 - Cuisine

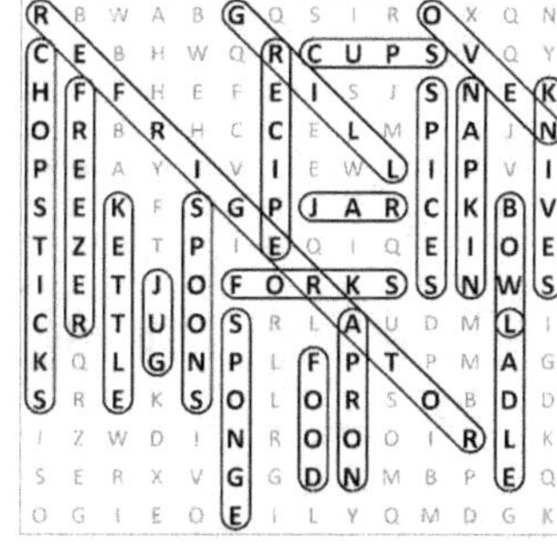

27 - Gentillesse

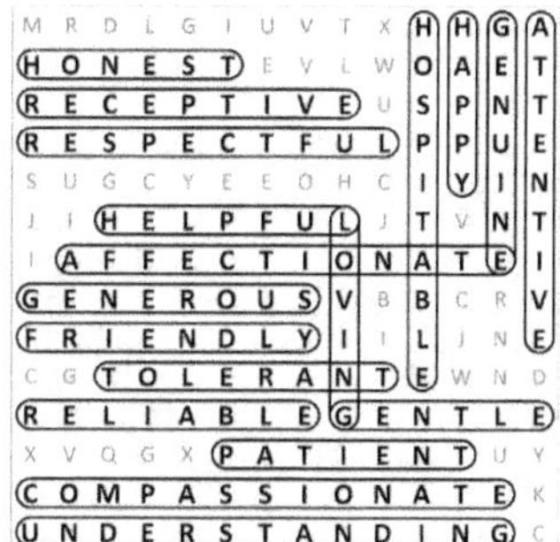

28 - Corps Humain

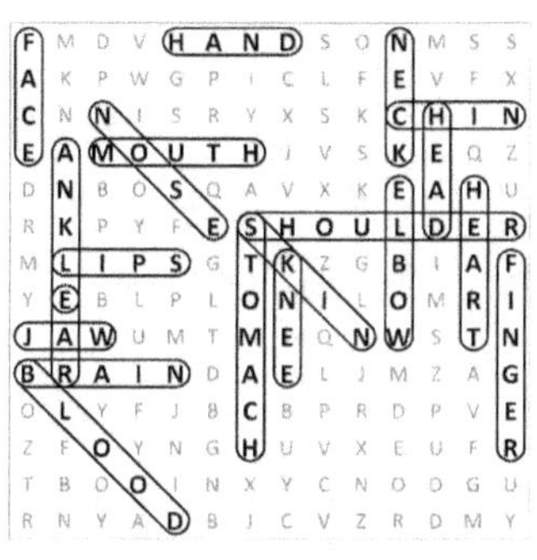

29 - Épices

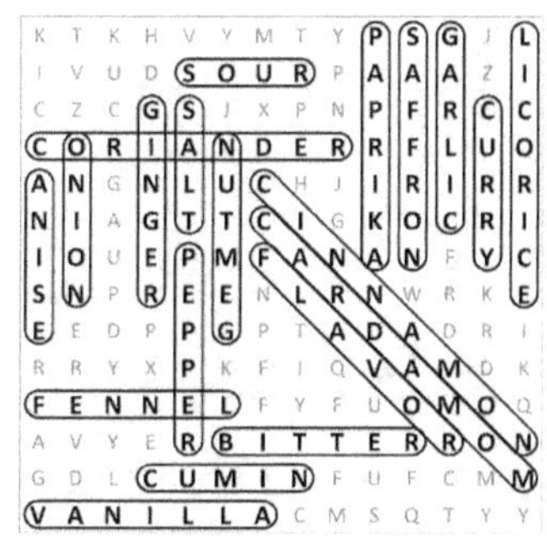

30 - Science

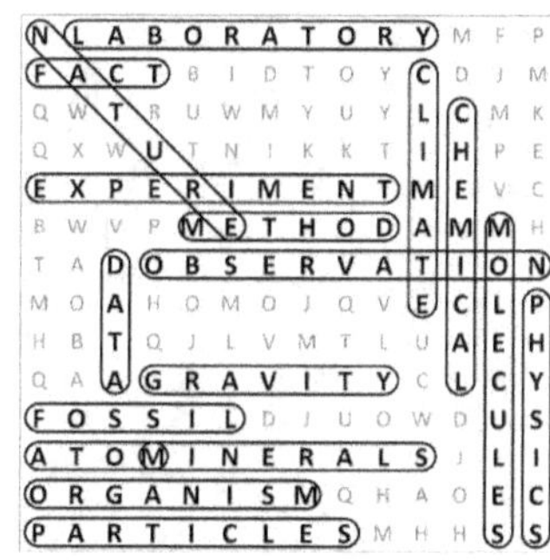

31 - Chats

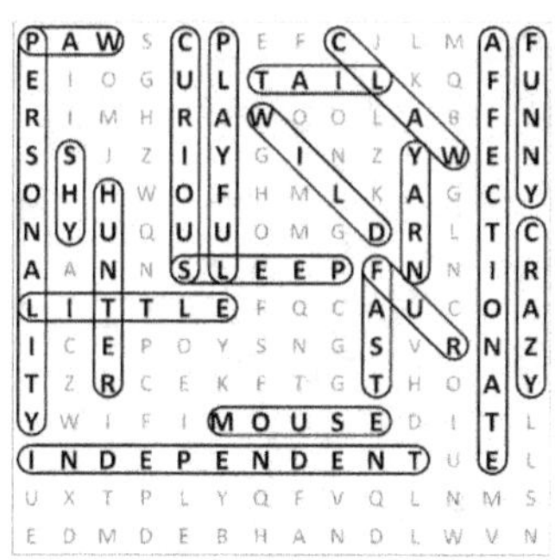

32 - Vêtements

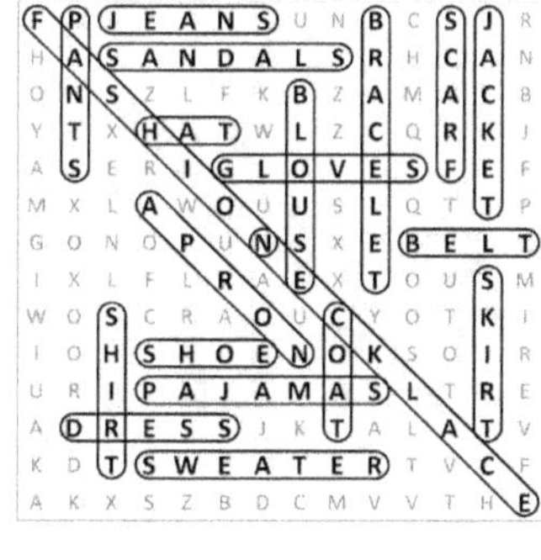

33 - Arts Visuels

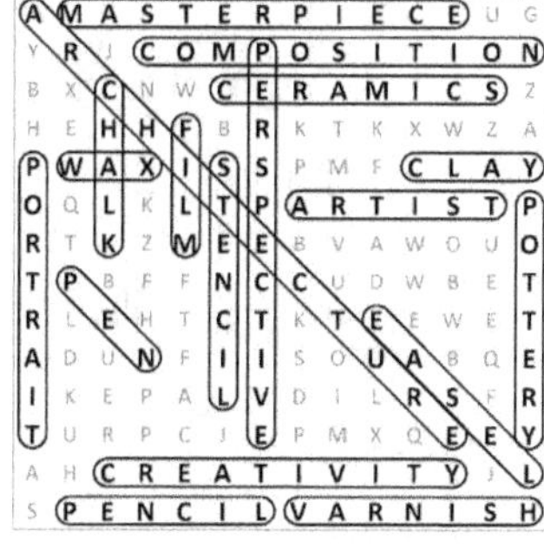

34 - Méditation

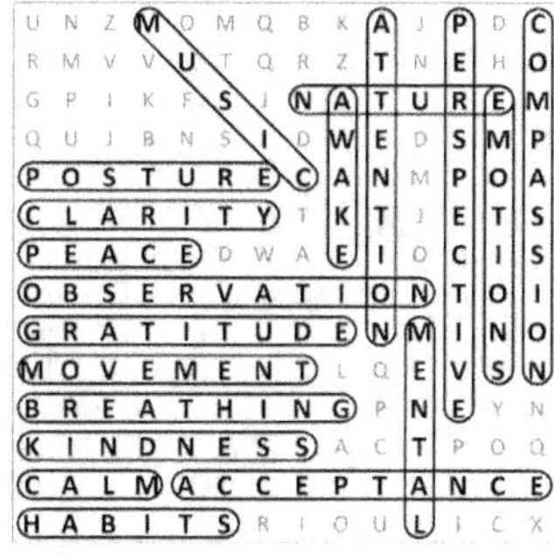

35 - Littérature

36 - Nourriture #1

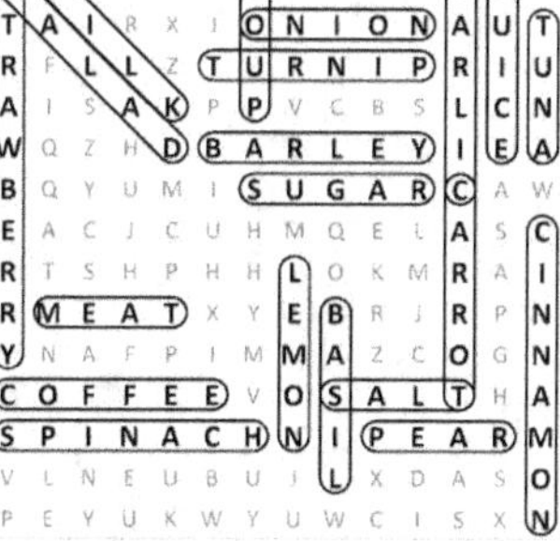

37 - Jours et Mois

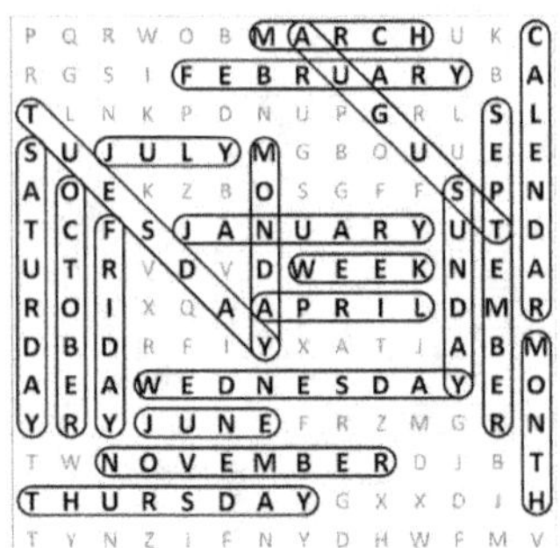

38 - Championnat

39 - Pirates

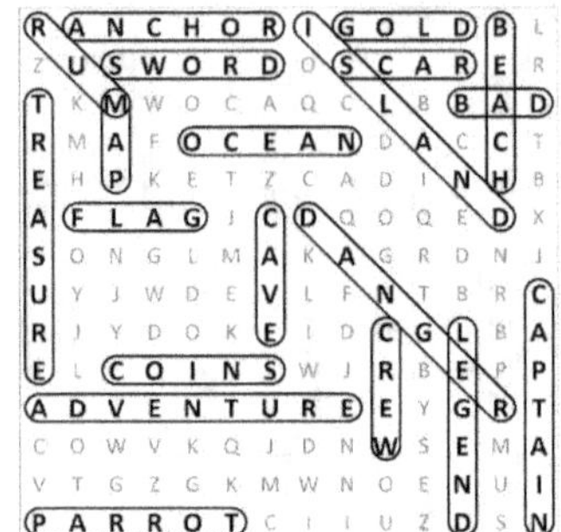

40 - Activités

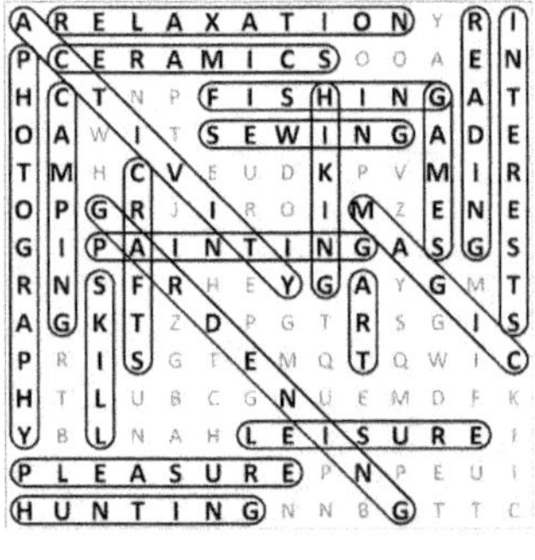

41 - Fleurs

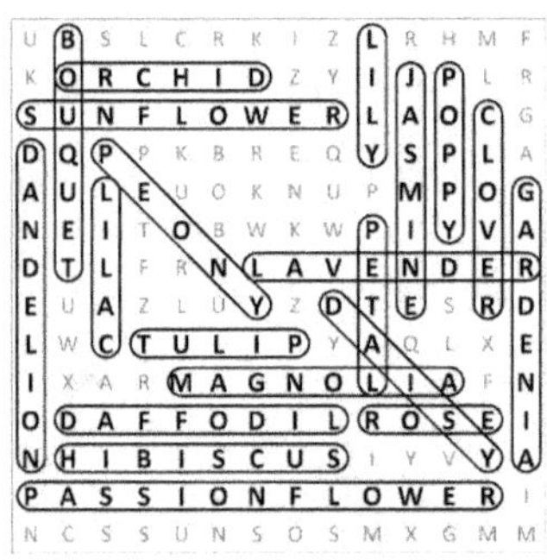

42 - Nourriture #2

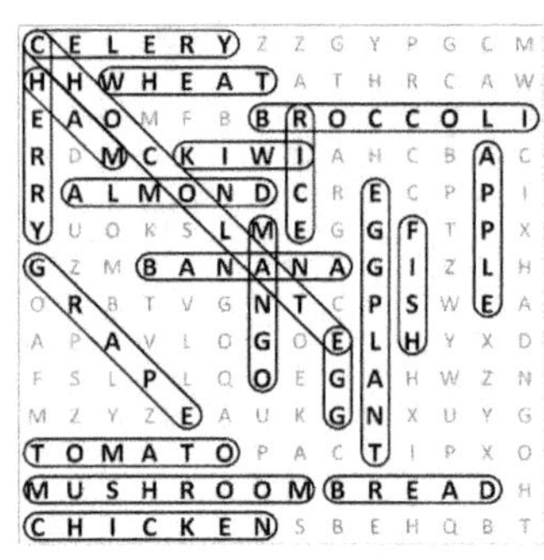

43 - Océan

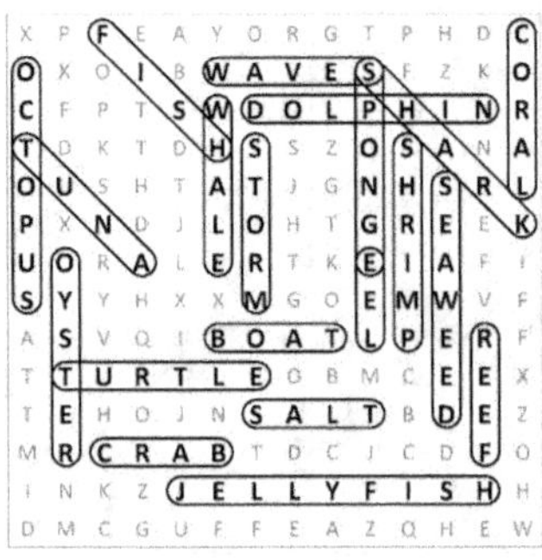

44 - Remplir

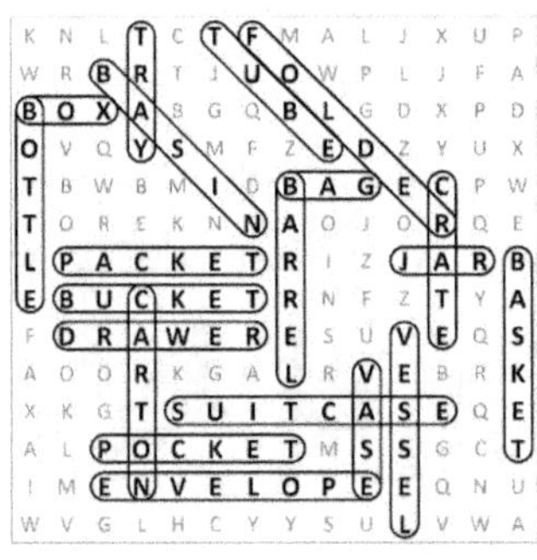

45 - Ballet

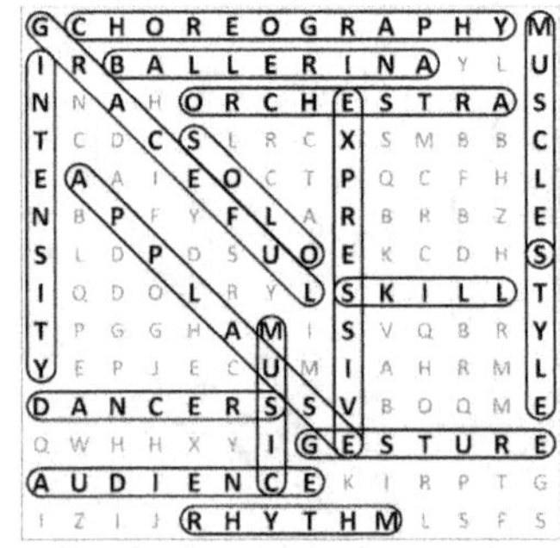

46 - Fruit

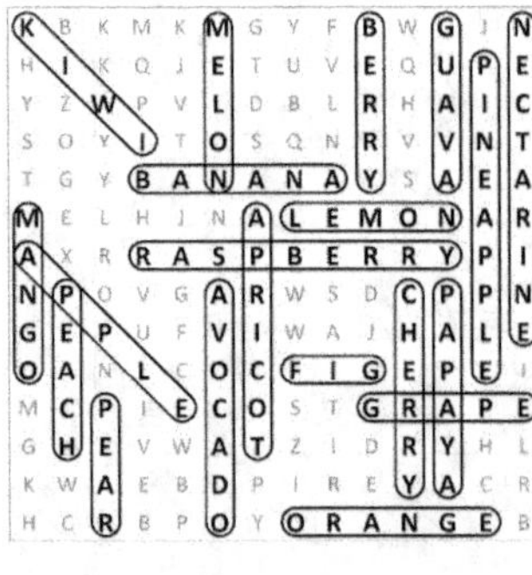

47 - Surf

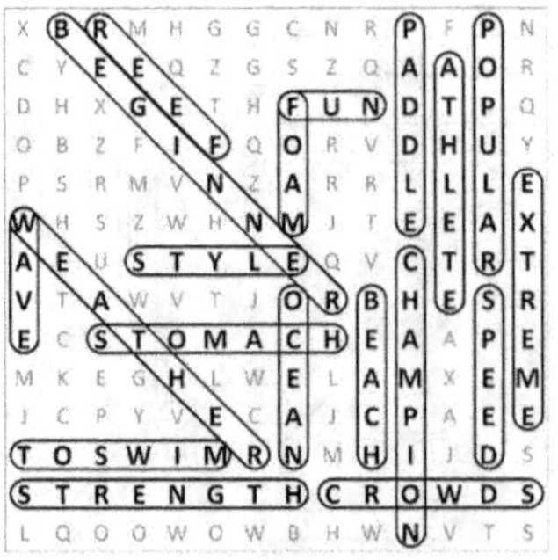

48 - Technologie

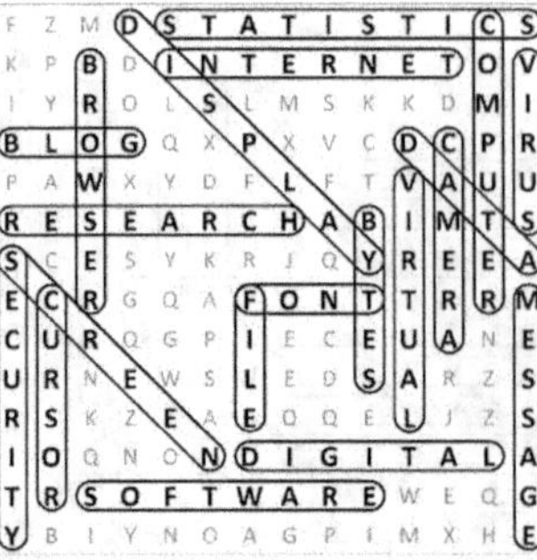

49 - Météo

50 - Châteaux

51 - Randonnée

52 - Meubles

53 - Art

54 - Nutrition

55 - Science Fiction

56 - Vertus #1

57 - Professions #1

58 - Géologie

59 - Cirque

60 - Jardin

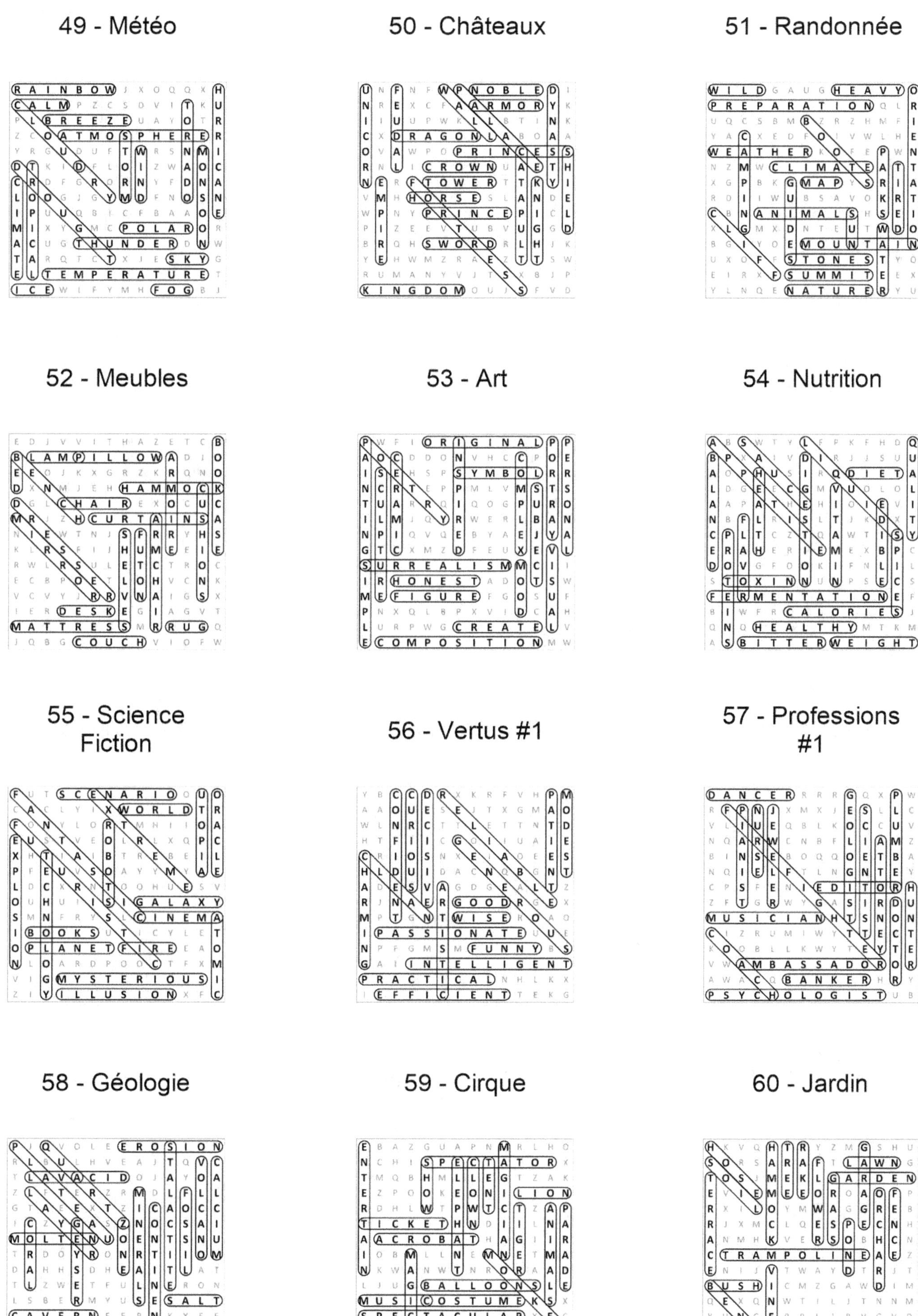

61 - Barbecues

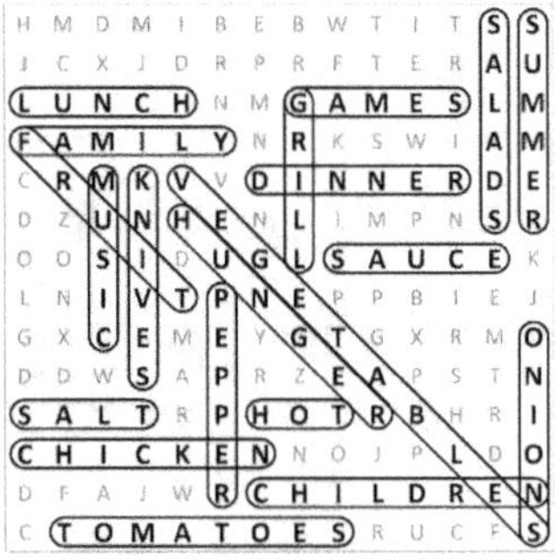

62 - Anniversaire

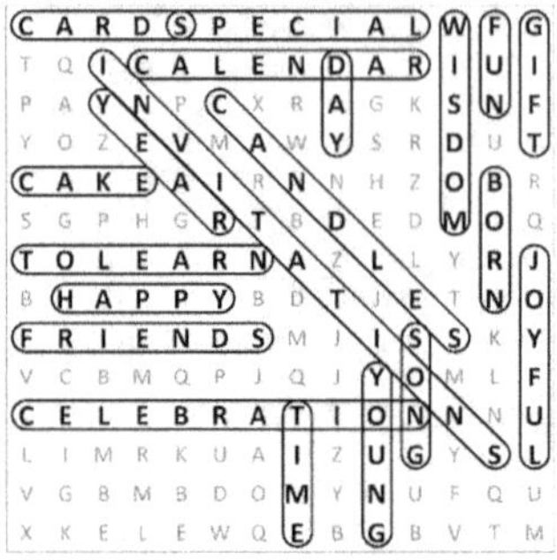

63 - Animaux de Compagnie

64 - Forêt Tropicale

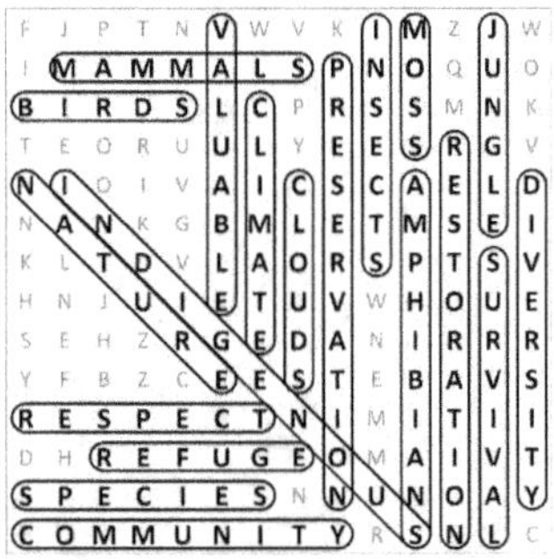

65 - Insectes

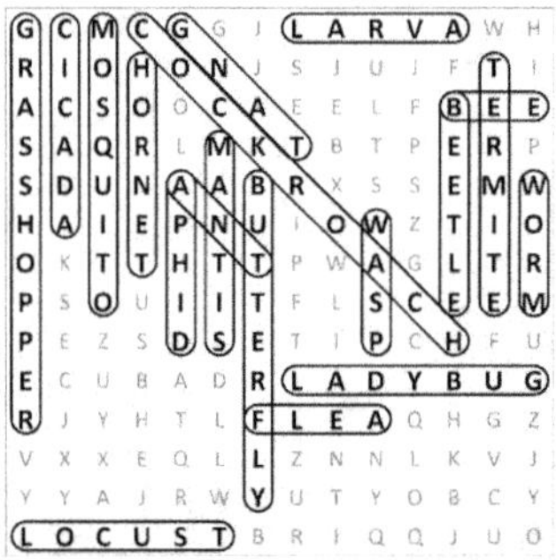

66 - Ferme #1

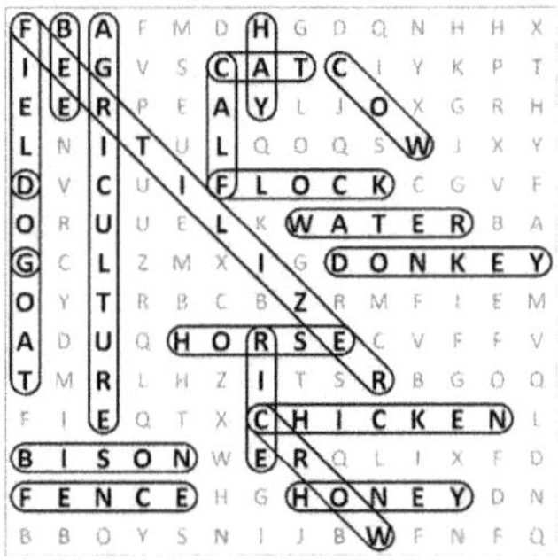

67 - Escalade

68 - École #2

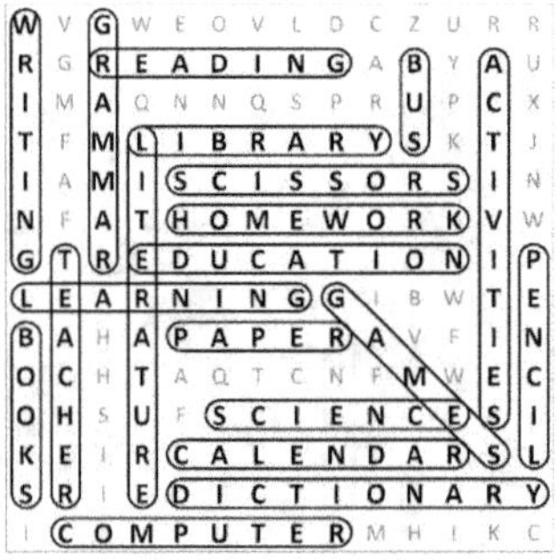

69 - Antarctique

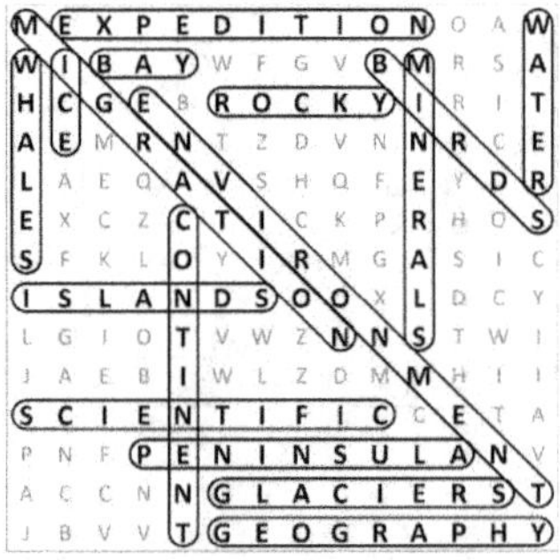

70 - Professions #2

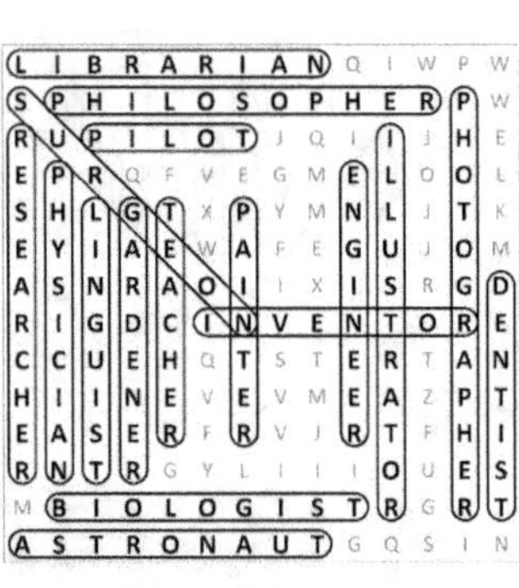

71 - Les Abeilles

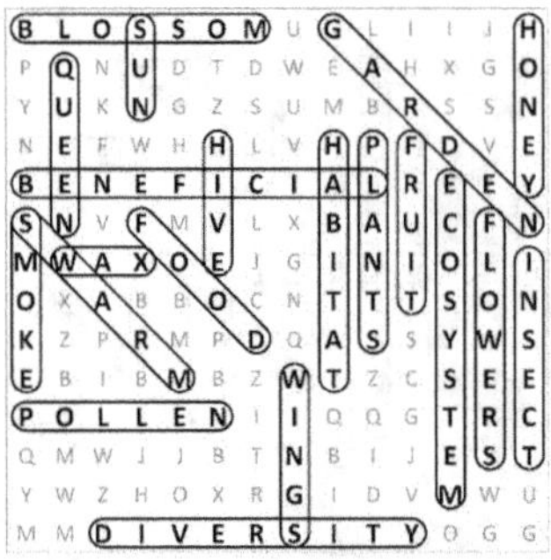

72 - Dinosaures

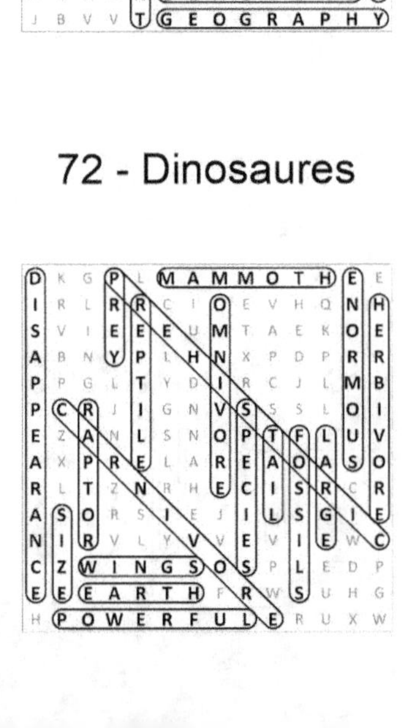

73 - Conduite

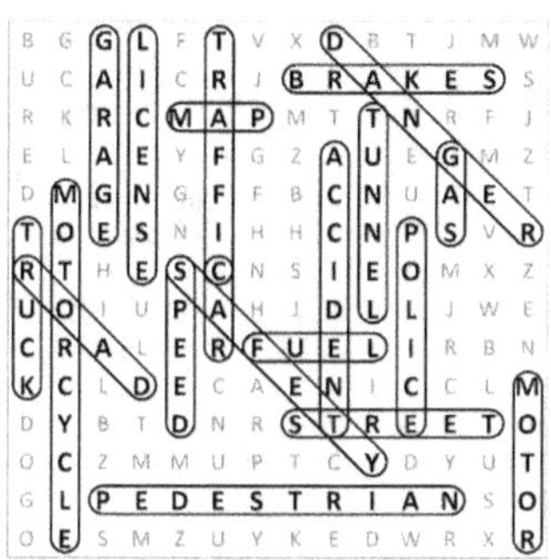

74 - Plantes

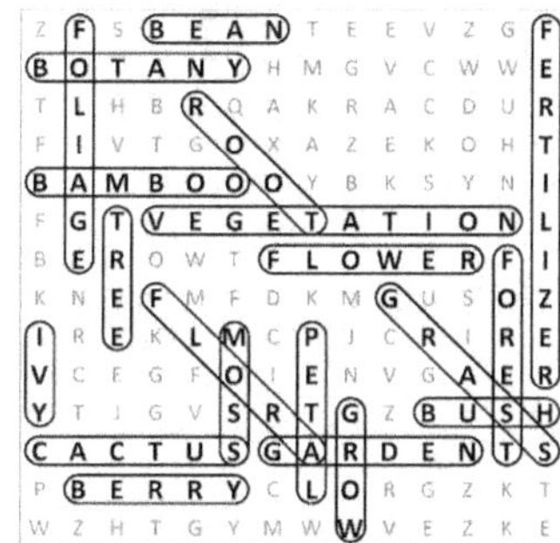

75 - Ferme #2

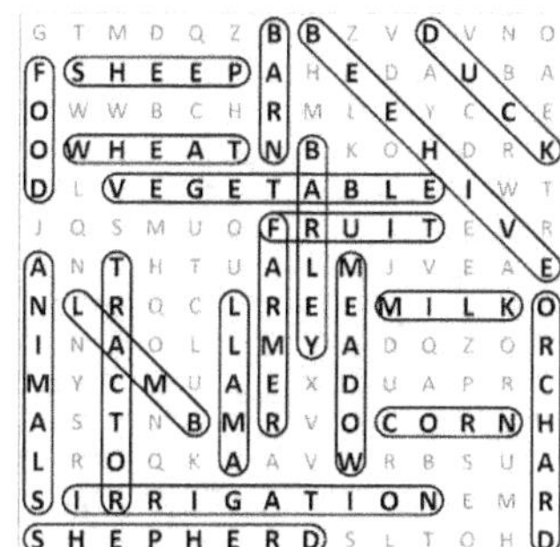

76 - École #1

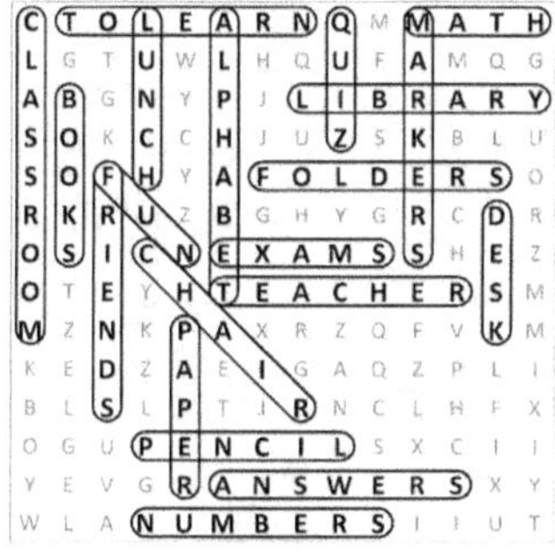

77 - Vacances #2

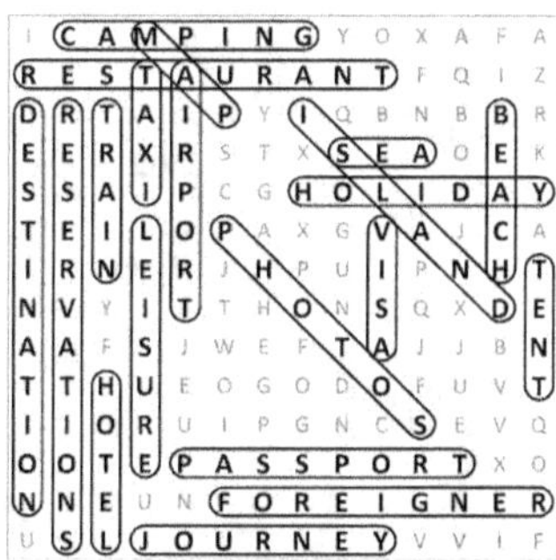

78 - Temps

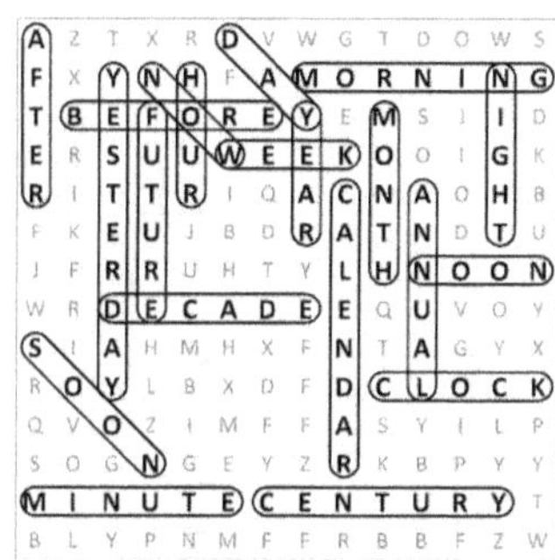

79 - Maison

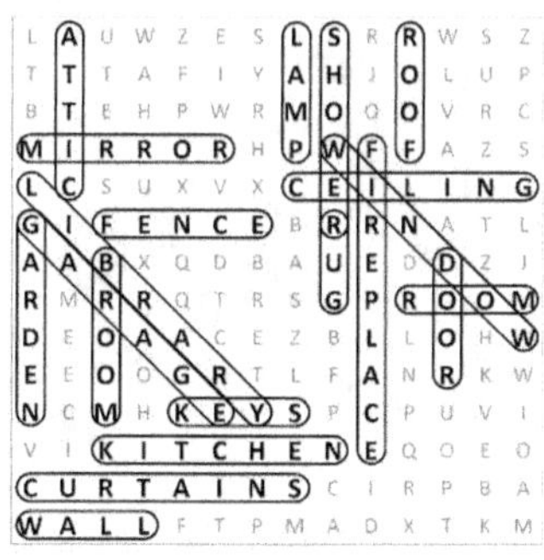

80 - Légumes

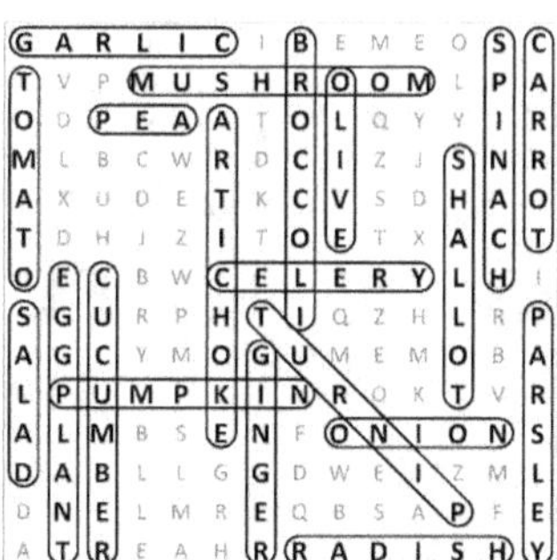

81 - Plage

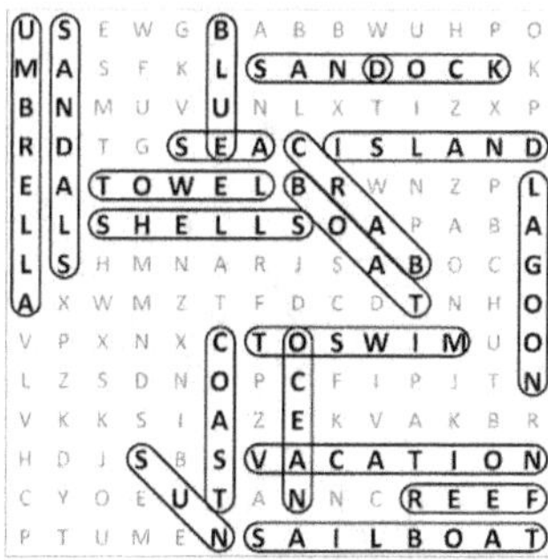

82 - Famille

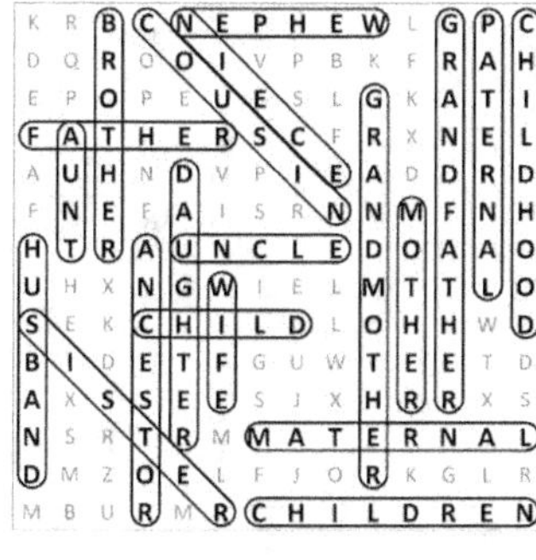

83 - Oiseaux

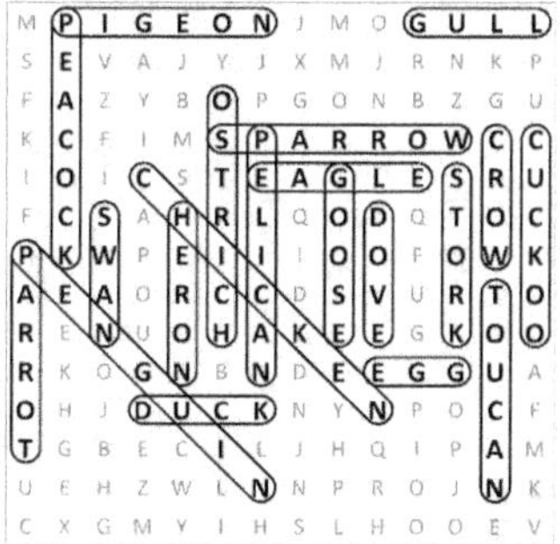

84 - Disciplines Scientifiques

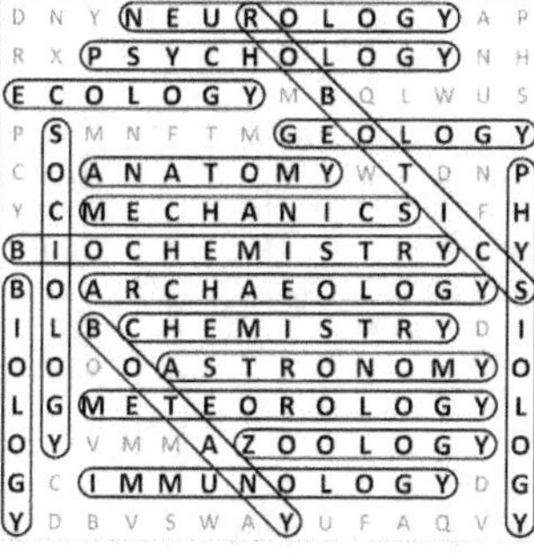

85 - Émotions

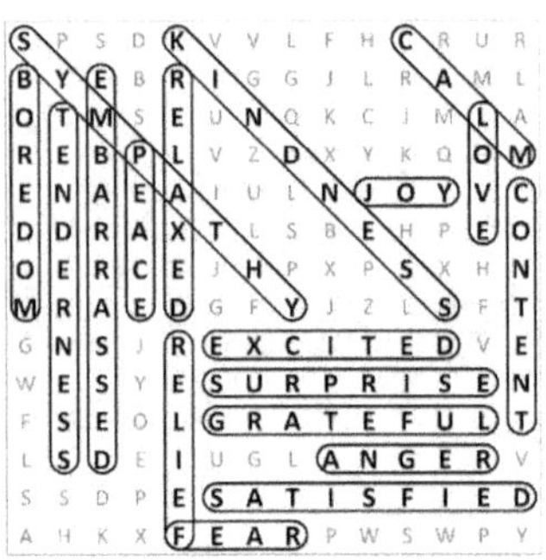

86 - Géographie

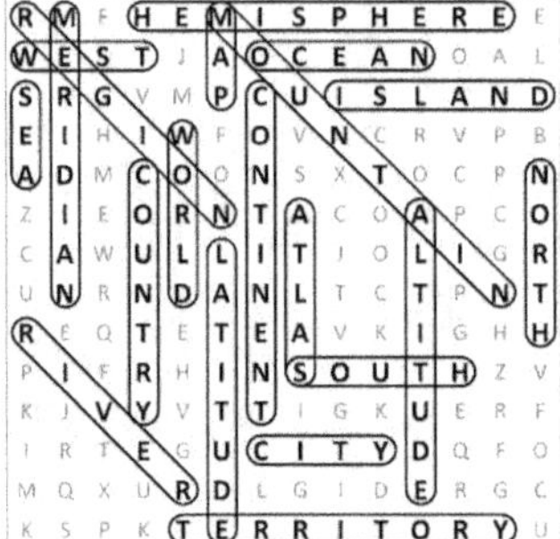

87 - Danse

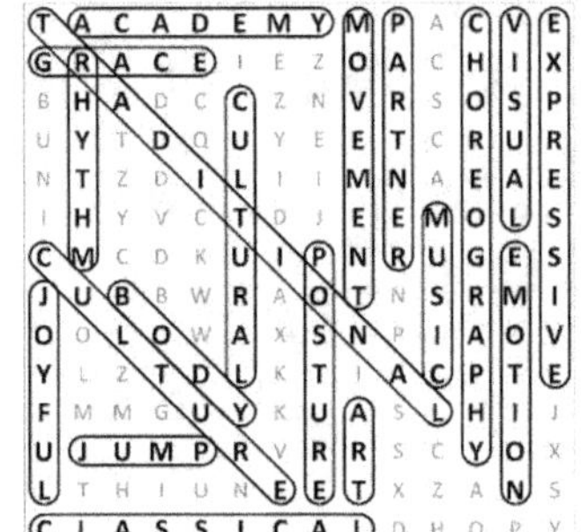

88 - Bâtiments

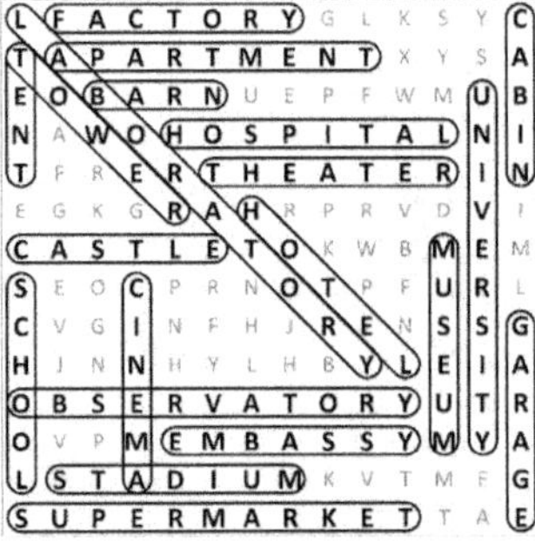

89 - Pêche

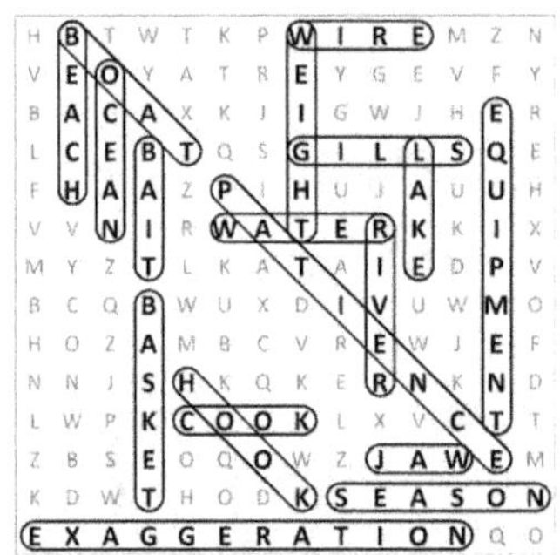

90 - Activités et Loisirs

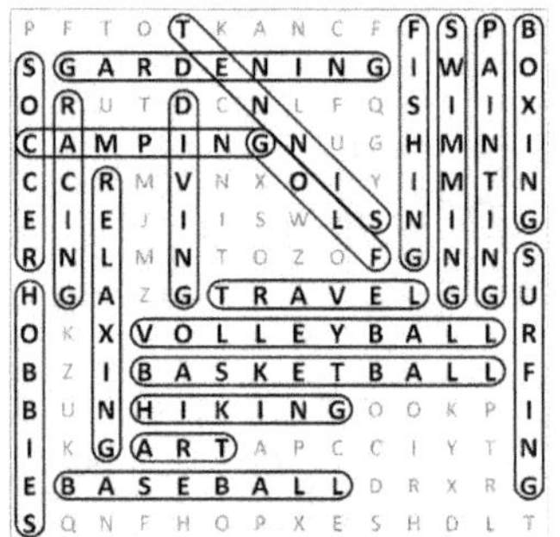

91 - Livres

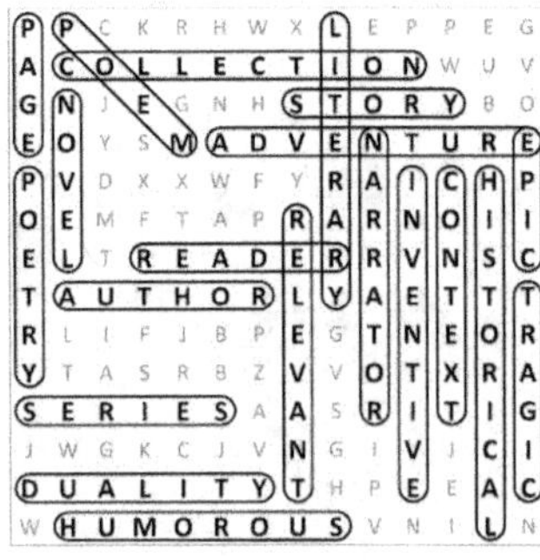

92 - Pays #2

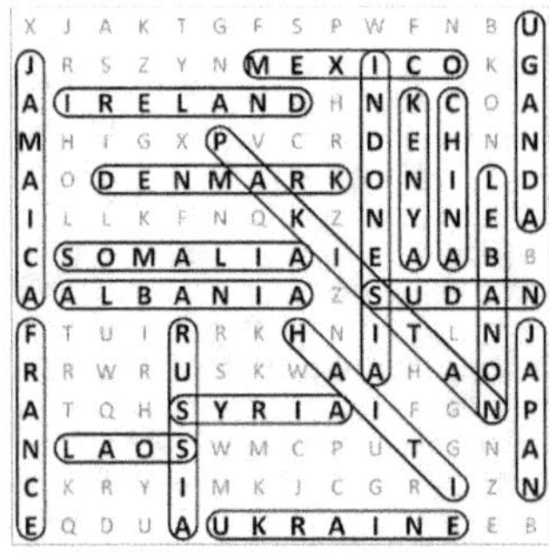

93 - Fournitures d'Art

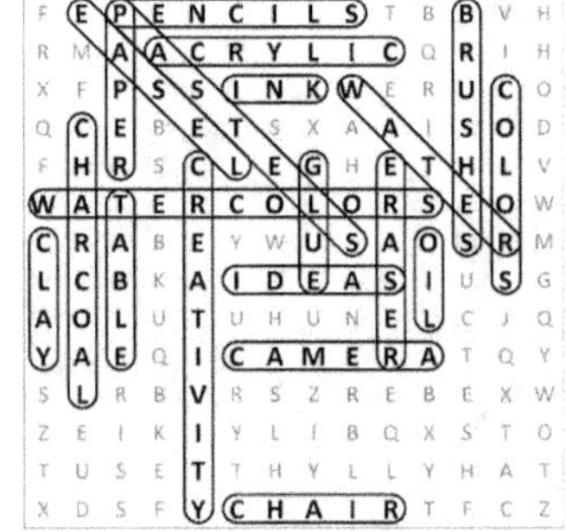

94 - Jouets

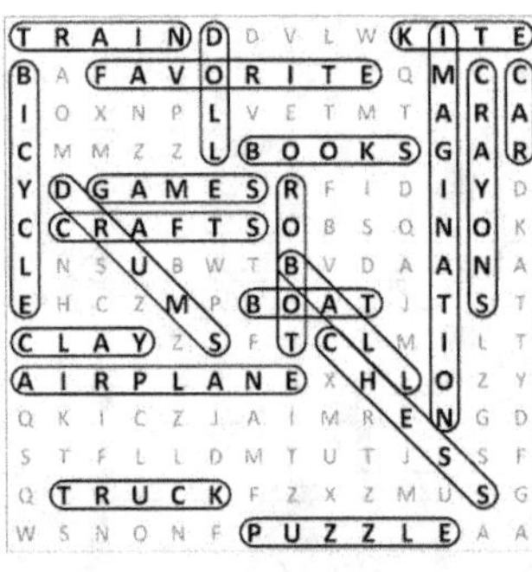

95 - Eau

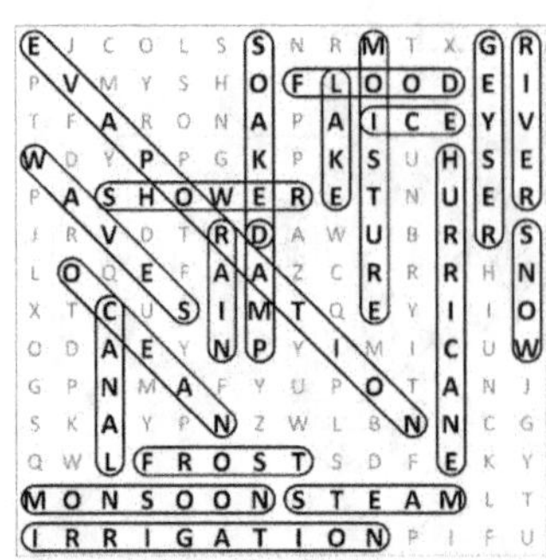

96 - Paysages

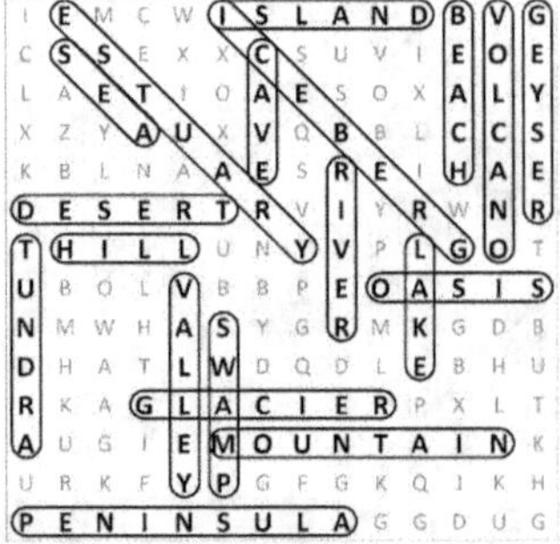

97 - Nombres

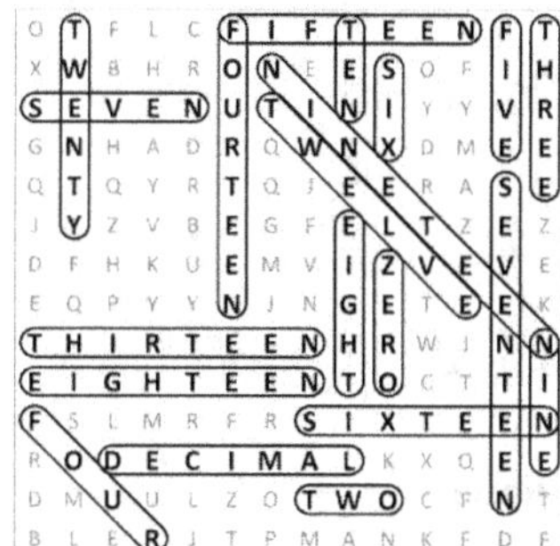

98 - Nature

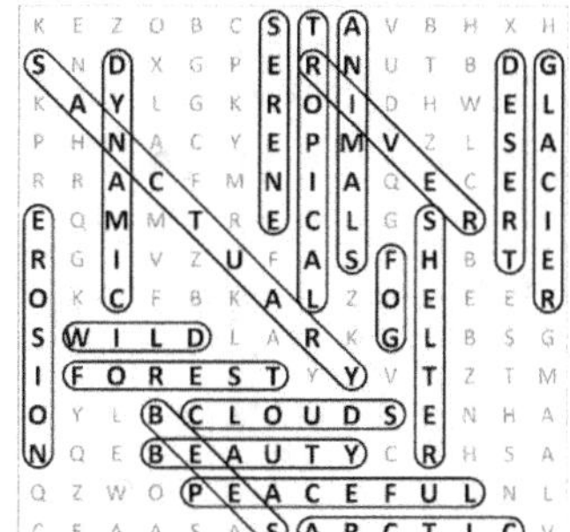

99 - Bateaux

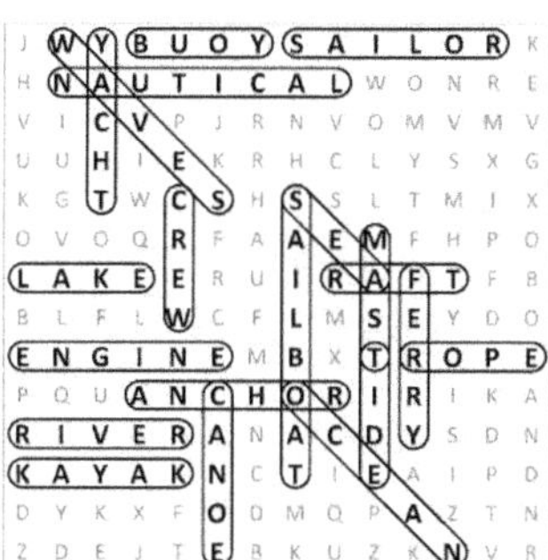

100 - Mesures

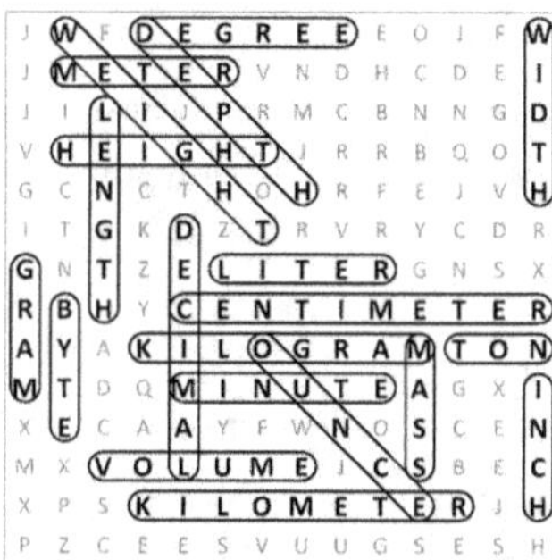

Dictionnaire

Activités
Activities

Activité	Activity
Art	Art
Artisanat	Crafts
Camping	Camping
Céramique	Ceramics
Chasse	Hunting
Compétence	Skill
Couture	Sewing
Intérêts	Interests
Jardinage	Gardening
Jeux	Games
Lecture	Reading
Loisir	Leisure
Magie	Magic
Peinture	Painting
Pêche	Fishing
Photographie	Photography
Plaisir	Pleasure
Randonnée	Hiking
Relaxation	Relaxation

Activités et Loisirs
Activities and Leisure

Art	Art
Base-Ball	Baseball
Basket-Ball	Basketball
Boxe	Boxing
Camping	Camping
Course	Racing
Football	Soccer
Golf	Golf
Jardinage	Gardening
Nager	Swimming
Passe-Temps	Hobbies
Peinture	Painting
Pêche	Fishing
Plongée	Diving
Randonnée	Hiking
Relaxant	Relaxing
Surf	Surfing
Tennis	Tennis
Volley-Ball	Volleyball
Voyage	Travel

Adjectifs #1
Adjectives #1

Absolu	Absolute
Actif	Active
Ambitieux	Ambitious
Aromatique	Aromatic
Artistique	Artistic
Attractif	Attractive
Beau	Beautiful
Exotique	Exotic
Énorme	Huge
Généreux	Generous
Honnête	Honest
Identique	Identical
Important	Important
Innocent	Innocent
Jeune	Young
Lent	Slow
Lourd	Heavy
Mince	Thin
Moderne	Modern
Parfait	Perfect

Adjectifs #2
Adjectives #2

Authentique	Authentic
Célèbre	Famous
Créatif	Creative
Descriptif	Descriptive
Doué	Gifted
Dramatique	Dramatic
Élégant	Elegant
Fier	Proud
Fort	Strong
Intéressant	Interesting
Naturel	Natural
Nouveau	New
Productif	Productive
Puissant	Powerful
Pur	Pure
Responsable	Responsible
Sain	Healthy
Salé	Salty
Sauvage	Wild
Sec	Dry

Animaux de Compagnie
Pets

Chat	Cat
Chaton	Kitten
Chèvre	Goat
Chien	Dog
Chiot	Puppy
Collier	Collar
Eau	Water
Griffes	Claws
Hamster	Hamster
Laisse	Leash
Lapin	Rabbit
Lézard	Lizard
Nourriture	Food
Perroquet	Parrot
Poisson	Fish
Queue	Tail
Souris	Mouse
Tortue	Turtle
Vache	Cow
Vétérinaire	Veterinarian

Anniversaire
Birthday

Amis	Friends
Amusement	Fun
Année	Year
Apprendre	To Learn
Bougies	Candles
Cadeau	Gift
Calendrier	Calendar
Cartes	Cards
Chanson	Song
Fête	Celebration
Gâteau	Cake
Heureux	Happy
Invitations	Invitations
Jeune	Young
Jour	Day
Joyeux	Joyful
Né	Born
Sagesse	Wisdom
Spécial	Special
Temps	Time

Antarctique
Antarctica

Baie	Bay
Baleines	Whales
Chercheur	Researcher
Conservation	Conservation
Continent	Continent
Eau	Water
Environnement	Environment
Expédition	Expedition
Géographie	Geography
Glace	Ice
Glaciers	Glaciers
Îles	Islands
Migration	Migration
Minéraux	Minerals
Oiseaux	Birds
Péninsule	Peninsula
Rocheux	Rocky
Scientifique	Scientific
Température	Temperature
Topographie	Topography

Art
Art

Céramique	Ceramic
Complexe	Complex
Composition	Composition
Créer	Create
Dépeindre	Portray
Expression	Expression
Figure	Figure
Honnête	Honest
Humeur	Mood
Inspiré	Inspired
Original	Original
Peintures	Paintings
Personnel	Personal
Poésie	Poetry
Sculpture	Sculpture
Simple	Simple
Sujet	Subject
Surréalisme	Surrealism
Symbole	Symbol
Visuel	Visual

Arts Visuels
Visual Arts

Architecture	Architecture
Argile	Clay
Artiste	Artist
Céramique	Ceramics
Chef-D'Œuvre	Masterpiece
Chevalet	Easel
Cire	Wax
Composition	Composition
Craie	Chalk
Crayon	Pencil
Créativité	Creativity
Film	Film
Peinture	Painting
Perspective	Perspective
Pochoir	Stencil
Portrait	Portrait
Poterie	Pottery
Sculpture	Sculpture
Stylo	Pen
Vernis	Varnish

Astronomie
Astronomy

Astéroïde	Asteroid
Astronaute	Astronaut
Astronome	Astronomer
Ciel	Sky
Constellation	Constellation
Cosmos	Cosmos
Éclipse	Eclipse
Équinoxe	Equinox
Fusée	Rocket
Galaxie	Galaxy
Lune	Moon
Météore	Meteor
Nébuleuse	Nebula
Observatoire	Observatory
Planète	Planet
Radiation	Radiation
Solaire	Solar
Supernova	Supernova
Terre	Earth
Univers	Universe

Aventure
Adventure

Activité	Activity
Beauté	Beauty
Bravoure	Bravery
Chance	Chance
Dangereux	Dangerous
Destination	Destination
Difficulté	Difficulty
Enthousiasme	Enthusiasm
Excursion	Excursion
Inhabituel	Unusual
Itinéraire	Itinerary
Joie	Joy
Nature	Nature
Navigation	Navigation
Nouveau	New
Opportunité	Opportunity
Préparation	Preparation
Sécurité	Safety
Surprenant	Surprising
Voyages	Travels

Avions
Airplanes

Air	Air
Altitude	Altitude
Atmosphère	Atmosphere
Atterrissage	Landing
Aventure	Adventure
Ballon	Balloon
Carburant	Fuel
Ciel	Sky
Construction	Construction
Descente	Descent
Direction	Direction
Équipage	Crew
Gonfler	Inflate
Hauteur	Height
Histoire	History
Hydrogène	Hydrogen
Moteur	Engine
Passager	Passenger
Pilote	Pilot
Turbulence	Turbulence

Ballet
Ballet

Applaudissement	Applause
Artistique	Artistic
Ballerine	Ballerina
Chorégraphie	Choreography
Compétence	Skill
Compositeur	Composer
Danseurs	Dancers
Expressif	Expressive
Geste	Gesture
Gracieux	Graceful
Intensité	Intensity
Muscles	Muscles
Musique	Music
Orchestre	Orchestra
Public	Audience
Répétition	Rehearsal
Rythme	Rhythm
Solo	Solo
Style	Style
Technique	Technique

Barbecues
Barbecues

Chaud	Hot
Couteaux	Knives
Déjeuner	Lunch
Dîner	Dinner
Enfants	Children
Été	Summer
Faim	Hunger
Famille	Family
Fruit	Fruit
Gril	Grill
Jeux	Games
Légumes	Vegetables
Musique	Music
Oignons	Onions
Poivre	Pepper
Poulet	Chicken
Salades	Salads
Sauce	Sauce
Sel	Salt
Tomates	Tomatoes

Bateaux
Boats

Ancre	Anchor
Bouée	Buoy
Canoë	Canoe
Corde	Rope
Équipage	Crew
Ferry	Ferry
Fleuve	River
Kayak	Kayak
Lac	Lake
Marée	Tide
Marin	Sailor
Mât	Mast
Mer	Sea
Moteur	Engine
Nautique	Nautical
Océan	Ocean
Radeau	Raft
Vagues	Waves
Voilier	Sailboat
Yacht	Yacht

Bâtiments
Buildings

Ambassade	Embassy
Appartement	Apartment
Cabine	Cabin
Château	Castle
Cinéma	Cinema
École	School
Garage	Garage
Grange	Barn
Hôpital	Hospital
Hôtel	Hotel
Laboratoire	Laboratory
Musée	Museum
Observatoire	Observatory
Stade	Stadium
Supermarché	Supermarket
Tente	Tent
Théâtre	Theater
Tour	Tower
Université	University
Usine	Factory

Camping
Camping

Animaux	Animals
Aventure	Adventure
Boussole	Compass
Cabine	Cabin
Canoë	Canoe
Carte	Map
Chapeau	Hat
Chasse	Hunting
Corde	Rope
Équipement	Equipment
Feu	Fire
Forêt	Forest
Hamac	Hammock
Insecte	Insect
Lac	Lake
Lanterne	Lantern
Lune	Moon
Montagne	Mountain
Nature	Nature
Tente	Tent

Championnat
Championship

Champion	Champion
Championnat	Championship
Endurance	Endurance
Entraîneur	Coach
Équipe	Team
Finaliste	Finalist
Jeux	Games
Juge	Judge
Ligue	League
Médaille	Medal
Motivation	Motivation
Performance	Performance
Respirer	To Breathe
Sports	Sports
Stratégie	Strategy
Tournoi	Tournament
Transpiration	Perspiration
Victoire	Victory

Chats
Cats

Affectueux	Affectionate
Chasseur	Hunter
Curieux	Curious
Dormir	Sleep
Drôle	Funny
Espiègle	Playful
Fil	Yarn
Fou	Crazy
Fourrure	Fur
Griffe	Claw
Indépendant	Independent
Patte	Paw
Personnalité	Personality
Peu	Little
Queue	Tail
Rapide	Fast
Sauvage	Wild
Souris	Mouse
Timide	Shy

Châteaux
Castles

Armure	Armor
Bouclier	Shield
Catapulte	Catapult
Cheval	Horse
Chevalier	Knight
Couronne	Crown
Dragon	Dragon
Dynastie	Dynasty
Empire	Empire
Épée	Sword
Féodal	Feudal
Forteresse	Fortress
Licorne	Unicorn
Mur	Wall
Noble	Noble
Palais	Palace
Prince	Prince
Princesse	Princess
Royaume	Kingdom
Tour	Tower

Chocolat
Chocolate

Amer	Bitter
Antioxydant	Antioxidant
Arôme	Aroma
Bonbon	Candy
Cacahuètes	Peanuts
Cacao	Cacao
Calories	Calories
Caramel	Caramel
Délicieux	Delicious
Doux	Sweet
Exotique	Exotic
Favori	Favorite
Goût	Taste
Ingrédient	Ingredient
Noix de Coco	Coconut
Poudre	Powder
Qualité	Quality
Recette	Recipe
Saveur	Flavor
Sucre	Sugar

Cirque
Circus

Acrobate	Acrobat
Animaux	Animals
Ballons	Balloons
Billet	Ticket
Clown	Clown
Costume	Costume
Divertir	Entertain
Éléphant	Elephant
Jongleur	Juggler
Lion	Lion
Magicien	Magician
Magie	Magic
Montrer	Show
Musique	Music
Parade	Parade
Singe	Monkey
Spectaculaire	Spectacular
Spectateur	Spectator
Tente	Tent
Tigre	Tiger

Conduite
Driving

Accident	Accident
Camion	Truck
Carburant	Fuel
Carte	Map
Danger	Danger
Freins	Brakes
Garage	Garage
Gaz	Gas
Licence	License
Moteur	Motor
Moto	Motorcycle
Piéton	Pedestrian
Police	Police
Route	Road
Rue	Street
Sécurité	Safety
Trafic	Traffic
Tunnel	Tunnel
Vitesse	Speed
Voiture	Car

Conservation
Conservation

Bénévole	Volunteer
Changements	Changes
Climat	Climate
Cycle	Cycle
Durable	Sustainable
Eau	Water
Environnemental	Environmental
Écosystème	Ecosystem
Éducation	Education
Habitat	Habitat
Naturel	Natural
Organique	Organic
Pesticide	Pesticide
Pollution	Pollution
Recycler	Recycle
Réduire	Reduce
Santé	Health
Vert	Green

Corps Humain
Human Body

Bouche	Mouth
Cerveau	Brain
Cheville	Ankle
Cou	Neck
Coude	Elbow
Cœur	Heart
Doigt	Finger
Estomac	Stomach
Épaule	Shoulder
Genou	Knee
Lèvres	Lips
Main	Hand
Mâchoire	Jaw
Menton	Chin
Nez	Nose
Oreille	Ear
Peau	Skin
Sang	Blood
Tête	Head
Visage	Face

Couleurs
Colors

Azur	Azure
Beige	Beige
Blanc	White
Bleu	Blue
Cramoisi	Crimson
Cyan	Cyan
Fuchsia	Fuchsia
Gris	Grey
Indigo	Indigo
Jaune	Yellow
Magenta	Magenta
Marron	Brown
Noir	Black
Orange	Orange
Rose	Pink
Rouge	Red
Sépia	Sepia
Vert	Green
Violet	Purple

Cuisine
Kitchen

Baguettes	Chopsticks
Bol	Bowl
Bouilloire	Kettle
Congélateur	Freezer
Couteaux	Knives
Cruche	Jug
Cuillères	Spoons
Épices	Spices
Éponge	Sponge
Four	Oven
Fourchettes	Forks
Gril	Grill
Louche	Ladle
Nourriture	Food
Pot	Jar
Recette	Recipe
Réfrigérateur	Refrigerator
Serviette	Napkin
Tablier	Apron
Tasses	Cups

Danse
Dance

Académie	Academy
Art	Art
Chorégraphie	Choreography
Classique	Classical
Corps	Body
Culture	Culture
Culturel	Cultural
Expressif	Expressive
Émotion	Emotion
Grâce	Grace
Joyeux	Joyful
Mouvement	Movement
Musique	Music
Partenaire	Partner
Posture	Posture
Répétition	Rehearsal
Rythme	Rhythm
Saut	Jump
Traditionnel	Traditional
Visuel	Visual

Dinosaures
Dinosaurs

Ailes	Wings
Carnivore	Carnivore
Disparition	Disappearance
Espèce	Species
Énorme	Enormous
Évolution	Evolution
Fossiles	Fossils
Grand	Large
Herbivore	Herbivore
Mammouth	Mammoth
Omnivore	Omnivore
Préhistorique	Prehistoric
Proie	Prey
Puissant	Powerful
Queue	Tail
Rapace	Raptor
Reptile	Reptile
Taille	Size
Terre	Earth
Vicieux	Vicious

Disciplines Scientifiques
Scientific Disciplines

Anatomie	Anatomy
Archéologie	Archaeology
Astronomie	Astronomy
Biochimie	Biochemistry
Biologie	Biology
Botanique	Botany
Chimie	Chemistry
Écologie	Ecology
Géologie	Geology
Immunologie	Immunology
Linguistique	Linguistics
Mécanique	Mechanics
Météorologie	Meteorology
Minéralogie	Mineralogy
Neurologie	Neurology
Physiologie	Physiology
Psychologie	Psychology
Robotique	Robotics
Sociologie	Sociology
Zoologie	Zoology

Eau
Water

Canal	Canal
Douche	Shower
Évaporation	Evaporation
Fleuve	River
Gel	Frost
Geyser	Geyser
Glace	Ice
Humide	Damp
Humidité	Moisture
Inondation	Flood
Irrigation	Irrigation
Lac	Lake
Mousson	Monsoon
Neige	Snow
Océan	Ocean
Ouragan	Hurricane
Pluie	Rain
Trempé	Soaked
Vagues	Waves
Vapeur	Steam

Escalade
Climbing

Altitude	Altitude
Atmosphère	Atmosphere
Blessure	Injury
Bottes	Boots
Carte	Map
Casque	Helmet
Curiosité	Curiosity
Défis	Challenges
Expert	Expert
Étroit	Narrow
Force	Strength
Formation	Training
Gants	Gloves
Grotte	Cave
Guides	Guides
Physique	Physical
Randonnée	Hiking
Stabilité	Stability
Terrain	Terrain

Exploration
Exploration

Activité	Activity
Animaux	Animals
Apprendre	To Learn
Courage	Courage
Cultures	Cultures
Dangers	Hazards
Découverte	Discovery
Détermination	Determination
Espace	Space
Excitation	Excitement
Épuisement	Exhaustion
Inconnu	Unknown
Langue	Language
Lointain	Distant
Nouveau	New
Périlleux	Perilous
Quête	Quest
Sauvage	Wild
Terrain	Terrain
Voyage	Travel

Échecs
Chess

Adversaire	Opponent
Apprendre	To Learn
Blanc	White
Champion	Champion
Concours	Contest
Défis	Challenges
Diagonal	Diagonal
Intelligent	Clever
Jeu	Game
Joueur	Player
Noir	Black
Passif	Passive
Points	Points
Reine	Queen
Règles	Rules
Roi	King
Sacrifice	Sacrifice
Stratégie	Strategy
Temps	Time
Tournoi	Tournament

École #1
School #1

Alphabet	Alphabet
Amis	Friends
Amusement	Fun
Apprendre	To Learn
Bibliothèque	Library
Bureau	Desk
Chaise	Chair
Crayon	Pencil
Déjeuner	Lunch
Dossiers	Folders
Enseignant	Teacher
Examens	Exams
Livres	Books
Marqueurs	Markers
Math	Math
Nombres	Numbers
Papier	Paper
Quiz	Quiz
Réponses	Answers
Salle de Classe	Classroom

École #2
School #2

Activités	Activities
Apprentissage	Learning
Bibliothèque	Library
Bus	Bus
Calendrier	Calendar
Ciseaux	Scissors
Crayon	Pencil
Devoirs	Homework
Dictionnaire	Dictionary
Enseignant	Teacher
Écriture	Writing
Éducation	Education
Grammaire	Grammar
Jeux	Games
Lecture	Reading
Littérature	Literature
Livres	Books
Ordinateur	Computer
Papier	Paper
Science	Science

Écologie
Ecology

Bénévoles	Volunteers
Climat	Climate
Communautés	Communities
Diversité	Diversity
Durable	Sustainable
Espèce	Species
Faune	Fauna
Flore	Flora
Habitat	Habitat
Marais	Marsh
Marin	Marine
Montagnes	Mountains
Nature	Nature
Naturel	Natural
Plantes	Plants
Ressources	Resources
Sécheresse	Drought
Survie	Survival
Variété	Variety
Végétation	Vegetation

Émotions
Emotions

Amour	Love
Calme	Calm
Colère	Anger
Contenu	Content
Détendu	Relaxed
Embarrassé	Embarrassed
Ennui	Boredom
Excité	Excited
Gentillesse	Kindness
Joie	Joy
Paix	Peace
Peur	Fear
Reconnaissant	Grateful
Relief	Relief
Satisfait	Satisfied
Surprise	Surprise
Sympathie	Sympathy
Tendresse	Tenderness
Tranquillité	Tranquility
Tristesse	Sadness

Épices
Spices

Aigre	Sour
Ail	Garlic
Amer	Bitter
Anis	Anise
Cannelle	Cinnamon
Cardamome	Cardamom
Coriandre	Coriander
Cumin	Cumin
Curry	Curry
Fenouil	Fennel
Gingembre	Ginger
Muscade	Nutmeg
Oignon	Onion
Paprika	Paprika
Poivre	Pepper
Réglisse	Licorice
Safran	Saffron
Saveur	Flavor
Sel	Salt
Vanille	Vanilla

Été
Summer

Amis	Friends
Camping	Camping
Étoiles	Stars
Famille	Family
Jardin	Garden
Jeux	Games
Joie	Joy
Livres	Books
Loisir	Leisure
Mer	Sea
Musique	Music
Nager	To Swim
Nourriture	Food
Plage	Beach
Plongée	Diving
Relaxation	Relaxation
Sandales	Sandals
Vacances	Vacation
Voyage	Travel

Famille
Family

Ancêtre	Ancestor
Cousin	Cousin
Enfance	Childhood
Enfant	Child
Enfants	Children
Femme	Wife
Fille	Daughter
Frère	Brother
Grand-Mère	Grandmother
Grand-Père	Grandfather
Mari	Husband
Maternel	Maternal
Mère	Mother
Neveu	Nephew
Nièce	Niece
Oncle	Uncle
Paternel	Paternal
Père	Father
Soeur	Sister
Tante	Aunt

Ferme #1
Farm #1

Abeille	Bee
Agriculture	Agriculture
Âne	Donkey
Bison	Bison
Champ	Field
Chat	Cat
Cheval	Horse
Chèvre	Goat
Chien	Dog
Clôture	Fence
Corbeau	Crow
Eau	Water
Engrais	Fertilizer
Foin	Hay
Miel	Honey
Poulet	Chicken
Riz	Rice
Troupeau	Flock
Vache	Cow
Veau	Calf

Ferme #2
Farm #2

Agneau	Lamb
Agriculteur	Farmer
Animaux	Animals
Berger	Shepherd
Blé	Wheat
Canard	Duck
Fruit	Fruit
Grange	Barn
Irrigation	Irrigation
Lait	Milk
Lama	Llama
Légume	Vegetable
Maïs	Corn
Mouton	Sheep
Nourriture	Food
Orge	Barley
Pré	Meadow
Ruche	Beehive
Tracteur	Tractor
Verger	Orchard

Fleurs
Flowers

Bouquet	Bouquet
Gardénia	Gardenia
Hibiscus	Hibiscus
Jasmin	Jasmine
Jonquille	Daffodil
Lavande	Lavender
Lilas	Lilac
Lys	Lily
Magnolia	Magnolia
Marguerite	Daisy
Orchidée	Orchid
Passiflore	Passionflower
Pavot	Poppy
Pétale	Petal
Pissenlit	Dandelion
Pivoine	Peony
Rose	Rose
Tournesol	Sunflower
Trèfle	Clover
Tulipe	Tulip

Forêt Tropicale
Rainforest

Amphibiens	Amphibians
Botanique	Botanical
Climat	Climate
Communauté	Community
Diversité	Diversity
Espèce	Species
Indigène	Indigenous
Insectes	Insects
Jungle	Jungle
Mammifères	Mammals
Mousse	Moss
Nature	Nature
Nuage	Clouds
Oiseaux	Birds
Précieux	Valuable
Préservation	Preservation
Refuge	Refuge
Respect	Respect
Restauration	Restoration
Survie	Survival

Formes
Shapes

Arc	Arc
Bords	Edges
Carré	Square
Cercle	Circle
Coin	Corner
Courbe	Curve
Cône	Cone
Côté	Side
Cube	Cube
Cylindre	Cylinder
Ellipse	Ellipse
Hyperbole	Hyperbola
Ligne	Line
Ovale	Oval
Polygone	Polygon
Prisme	Prism
Pyramide	Pyramid
Rectangle	Rectangle
Sphère	Sphere
Triangle	Triangle

Fournitures d'Art
Art Supplies

Acrylique	Acrylic
Aquarelles	Watercolors
Argile	Clay
Brosses	Brushes
Caméra	Camera
Chaise	Chair
Charbon	Charcoal
Chevalet	Easel
Colle	Glue
Couleurs	Colors
Crayons	Pencils
Créativité	Creativity
Eau	Water
Encre	Ink
Gomme	Eraser
Huile	Oil
Idées	Ideas
Papier	Paper
Pastels	Pastels
Table	Table

Fruit
Fruit

Abricot	Apricot
Ananas	Pineapple
Avocat	Avocado
Baie	Berry
Banane	Banana
Cerise	Cherry
Citron	Lemon
Figue	Fig
Framboise	Raspberry
Goyave	Guava
Kiwi	Kiwi
Mangue	Mango
Melon	Melon
Nectarine	Nectarine
Orange	Orange
Papaye	Papaya
Pêche	Peach
Poire	Pear
Pomme	Apple
Raisin	Grape

Gentillesse
Kindness

Affectueux	Affectionate
Aimant	Loving
Amical	Friendly
Attentif	Attentive
Authentique	Genuine
Compatissant	Compassionate
Compréhension	Understanding
Doux	Gentle
Fiable	Reliable
Généreux	Generous
Heureux	Happy
Honnête	Honest
Hospitalier	Hospitable
Patient	Patient
Respectueux	Respectful
Réceptif	Receptive
Tolérant	Tolerant
Utile	Helpful

Géographie
Geography

Altitude	Altitude
Atlas	Atlas
Carte	Map
Continent	Continent
Fleuve	River
Hémisphère	Hemisphere
Île	Island
Latitude	Latitude
Mer	Sea
Méridien	Meridian
Monde	World
Montagne	Mountain
Nord	North
Océan	Ocean
Ouest	West
Pays	Country
Région	Region
Sud	South
Territoire	Territory
Ville	City

Géologie
Geology

Acide	Acid
Calcium	Calcium
Caverne	Cavern
Continent	Continent
Corail	Coral
Couche	Layer
Cristaux	Crystals
Érosion	Erosion
Fondu	Molten
Fossile	Fossil
Geyser	Geyser
Lave	Lava
Minéraux	Minerals
Pierre	Stone
Plateau	Plateau
Quartz	Quartz
Sel	Salt
Stalactite	Stalactite
Volcan	Volcano
Zone	Zone

Herboristerie
Herbalism

Ail	Garlic
Aromatique	Aromatic
Basilic	Basil
Bénéfique	Beneficial
Culinaire	Culinary
Estragon	Tarragon
Fenouil	Fennel
Fleur	Flower
Ingrédient	Ingredient
Jardin	Garden
Lavande	Lavender
Marjolaine	Marjoram
Menthe	Mint
Persil	Parsley
Qualité	Quality
Romarin	Rosemary
Safran	Saffron
Saveur	Flavor
Thym	Thyme
Vert	Green

Insectes
Insects

Abeille	Bee
Cafard	Cockroach
Cigale	Cicada
Coccinelle	Ladybug
Criquet	Locust
Fourmi	Ant
Frelon	Hornet
Guêpe	Wasp
Larve	Larva
Libellule	Dragonfly
Mante	Mantis
Moucheron	Gnat
Moustique	Mosquito
Papillon	Butterfly
Puce	Flea
Puceron	Aphid
Sauterelle	Grasshopper
Scarabée	Beetle
Termite	Termite
Ver	Worm

Instruments de Musique
Musical Instruments

Banjo	Banjo
Basson	Bassoon
Clarinette	Clarinet
Flûte	Flute
Gong	Gong
Guitare	Guitar
Harmonica	Harmonica
Harpe	Harp
Hautbois	Oboe
Mandoline	Mandolin
Marimba	Marimba
Percussion	Percussion
Piano	Piano
Saxophone	Saxophone
Tambour	Drum
Tambourin	Tambourine
Trombone	Trombone
Trompette	Trumpet
Violon	Violin
Violoncelle	Cello

Jardin
Garden

Arbre	Tree
Banc	Bench
Buisson	Bush
Clôture	Fence
Étang	Pond
Fleur	Flower
Garage	Garage
Hamac	Hammock
Herbe	Grass
Jardin	Garden
Mauvaises Herbes	Weeds
Pelle	Shovel
Pelouse	Lawn
Râteau	Rake
Sol	Soil
Terrasse	Terrace
Trampoline	Trampoline
Tuyau	Hose
Verger	Orchard
Vigne	Vine

Jouets
Toys

Argile	Clay
Artisanat	Crafts
Avion	Airplane
Balle	Ball
Bateau	Boat
Camion	Truck
Cerf-Volant	Kite
Crayons	Crayons
Échecs	Chess
Favori	Favorite
Imagination	Imagination
Jeux	Games
Livres	Books
Poupée	Doll
Puzzle	Puzzle
Robot	Robot
Tambours	Drums
Train	Train
Vélo	Bicycle
Voiture	Car

Jours et Mois
Days and Months

Août	August
Avril	April
Calendrier	Calendar
Dimanche	Sunday
Février	February
Janvier	January
Jeudi	Thursday
Juillet	July
Juin	June
Lundi	Monday
Mardi	Tuesday
Mars	March
Mercredi	Wednesday
Mois	Month
Novembre	November
Octobre	October
Samedi	Saturday
Semaine	Week
Septembre	September
Vendredi	Friday

Les Abeilles
Bees

Ailes	Wings
Bénéfique	Beneficial
Cire	Wax
Diversité	Diversity
Essaim	Swarm
Écosystème	Ecosystem
Fleur	Blossom
Fleurs	Flowers
Fruit	Fruit
Fumée	Smoke
Habitat	Habitat
Insecte	Insect
Jardin	Garden
Miel	Honey
Nourriture	Food
Plantes	Plants
Pollen	Pollen
Reine	Queen
Ruche	Hive
Soleil	Sun

Légumes
Vegetables

Ail	Garlic
Artichaut	Artichoke
Aubergine	Eggplant
Brocoli	Broccoli
Carotte	Carrot
Céleri	Celery
Champignon	Mushroom
Citrouille	Pumpkin
Concombre	Cucumber
Échalote	Shallot
Épinard	Spinach
Gingembre	Ginger
Navet	Turnip
Oignon	Onion
Olive	Olive
Persil	Parsley
Pois	Pea
Radis	Radish
Salade	Salad
Tomate	Tomato

Littérature
Literature

Analogie	Analogy
Analyse	Analysis
Anecdote	Anecdote
Auteur	Author
Biographie	Biography
Comparaison	Comparison
Conclusion	Conclusion
Description	Description
Dialogue	Dialogue
Fiction	Fiction
Métaphore	Metaphor
Narrateur	Narrator
Poème	Poem
Poétique	Poetic
Rime	Rhyme
Roman	Novel
Rythme	Rhythm
Style	Style
Thème	Theme
Tragédie	Tragedy

Livres
Books

Auteur	Author
Aventure	Adventure
Collection	Collection
Contexte	Context
Dualité	Duality
Épique	Epic
Histoire	Story
Historique	Historical
Humoristique	Humorous
Inventif	Inventive
Lecteur	Reader
Littéraire	Literary
Narrateur	Narrator
Page	Page
Pertinent	Relevant
Poème	Poem
Poésie	Poetry
Roman	Novel
Série	Series
Tragique	Tragic

Maison
House

Balai	Broom
Bibliothèque	Library
Chambre	Room
Cheminée	Fireplace
Clés	Keys
Clôture	Fence
Cuisine	Kitchen
Douche	Shower
Fenêtre	Window
Garage	Garage
Grenier	Attic
Jardin	Garden
Lampe	Lamp
Miroir	Mirror
Mur	Wall
Plafond	Ceiling
Porte	Door
Rideaux	Curtains
Tapis	Rug
Toit	Roof

Mammifères
Mammals

Baleine	Whale
Chat	Cat
Cheval	Horse
Chien	Dog
Coyote	Coyote
Dauphin	Dolphin
Éléphant	Elephant
Girafe	Giraffe
Gorille	Gorilla
Kangourou	Kangaroo
Lapin	Rabbit
Lion	Lion
Loup	Wolf
Mouton	Sheep
Ours	Bear
Renard	Fox
Singe	Monkey
Taureau	Bull
Tigre	Tiger
Zèbre	Zebra

Mathématiques
Math

Angles	Angles
Arithmétique	Arithmetic
Carré	Square
Circonférence	Circumference
Décimal	Decimal
Diamètre	Diameter
Exposant	Exponent
Équation	Equation
Fraction	Fraction
Géométrie	Geometry
Parallèle	Parallel
Parallélogramme	Parallelogram
Perpendiculaire	Perpendicular
Périmètre	Perimeter
Polygone	Polygon
Rectangle	Rectangle
Somme	Sum
Symétrie	Symmetry
Triangle	Triangle
Volume	Volume

Mesures
Measurements

Centimètre	Centimeter
Degré	Degree
Décimal	Decimal
Gramme	Gram
Hauteur	Height
Kilogramme	Kilogram
Kilomètre	Kilometer
Largeur	Width
Litre	Liter
Longueur	Length
Masse	Mass
Mètre	Meter
Minute	Minute
Octet	Byte
Once	Ounce
Poids	Weight
Pouce	Inch
Profondeur	Depth
Tonne	Ton
Volume	Volume

Meubles
Furniture

Armoire	Armoire
Banc	Bench
Bibliothèque	Bookcase
Bureau	Desk
Canapé	Couch
Chaise	Chair
Commode	Dresser
Coussins	Cushions
Étagères	Shelves
Fauteuil	Armchair
Futon	Futon
Hamac	Hammock
Lampe	Lamp
Lit	Bed
Matelas	Mattress
Miroir	Mirror
Oreiller	Pillow
Rideaux	Curtains
Tapis	Rug

Méditation
Meditation

Acceptation	Acceptance
Attention	Attention
Calme	Calm
Clarté	Clarity
Compassion	Compassion
Émotions	Emotions
Éveillé	Awake
Gentillesse	Kindness
Gratitude	Gratitude
Habitudes	Habits
Mental	Mental
Mouvement	Movement
Musique	Music
Nature	Nature
Observation	Observation
Paix	Peace
Perspective	Perspective
Posture	Posture
Respiration	Breathing
Silence	Silence

Météo
Weather

Arc-En-Ciel	Rainbow
Atmosphère	Atmosphere
Brise	Breeze
Brouillard	Fog
Calme	Calm
Ciel	Sky
Climat	Climate
Glace	Ice
Mousson	Monsoon
Nuage	Cloud
Ouragan	Hurricane
Polaire	Polar
Sec	Dry
Sécheresse	Drought
Température	Temperature
Tempête	Storm
Tonnerre	Thunder
Tornade	Tornado
Tropical	Tropical
Vent	Wind

Mythologie
Mythology

Archétype	Archetype
Catastrophe	Disaster
Comportement	Behavior
Création	Creation
Créature	Creature
Croyances	Beliefs
Culture	Culture
Éclair	Lightning
Force	Strength
Guerrier	Warrior
Héros	Hero
Immortalité	Immortality
Jalousie	Jealousy
Labyrinthe	Labyrinth
Légende	Legend
Magique	Magical
Monstre	Monster
Mortel	Mortal
Tonnerre	Thunder
Vengeance	Revenge

Nature
Nature

Abeilles	Bees
Abri	Shelter
Animaux	Animals
Arctique	Arctic
Beauté	Beauty
Brouillard	Fog
Désert	Desert
Dynamique	Dynamic
Érosion	Erosion
Feuillage	Foliage
Fleuve	River
Forêt	Forest
Glacier	Glacier
Nuage	Clouds
Paisible	Peaceful
Sanctuaire	Sanctuary
Sauvage	Wild
Serein	Serene
Tropical	Tropical
Vital	Vital

Nombres
Numbers

Cinq	Five
Deux	Two
Décimal	Decimal
Dix	Ten
Dix-Huit	Eighteen
Dix-Neuf	Nineteen
Dix-Sept	Seventeen
Douze	Twelve
Huit	Eight
Neuf	Nine
Quatorze	Fourteen
Quatre	Four
Quinze	Fifteen
Seize	Sixteen
Sept	Seven
Six	Six
Treize	Thirteen
Trois	Three
Vingt	Twenty
Zéro	Zero

Nourriture #1
Food #1

Ail	Garlic
Basilic	Basil
Café	Coffee
Cannelle	Cinnamon
Carotte	Carrot
Citron	Lemon
Épinard	Spinach
Fraise	Strawberry
Jus	Juice
Lait	Milk
Navet	Turnip
Oignon	Onion
Orge	Barley
Poire	Pear
Salade	Salad
Sel	Salt
Soupe	Soup
Sucre	Sugar
Thon	Tuna
Viande	Meat

Nourriture #2
Food #2

Amande	Almond
Aubergine	Eggplant
Banane	Banana
Blé	Wheat
Brocoli	Broccoli
Cerise	Cherry
Céleri	Celery
Champignon	Mushroom
Chocolat	Chocolate
Jambon	Ham
Kiwi	Kiwi
Mangue	Mango
Oeuf	Egg
Pain	Bread
Poisson	Fish
Pomme	Apple
Poulet	Chicken
Raisin	Grape
Riz	Rice
Tomate	Tomato

Nutrition
Nutrition

Amer	Bitter
Appétit	Appetite
Calories	Calories
Comestible	Edible
Diète	Diet
Digestion	Digestion
Épices	Spices
Équilibré	Balanced
Fermentation	Fermentation
Glucides	Carbohydrates
Liquides	Liquids
Poids	Weight
Protéines	Proteins
Qualité	Quality
Sain	Healthy
Santé	Health
Sauce	Sauce
Saveur	Flavor
Toxine	Toxin
Vitamine	Vitamin

Océan
Ocean

Algue	Seaweed
Anguille	Eel
Baleine	Whale
Bateau	Boat
Corail	Coral
Crabe	Crab
Crevette	Shrimp
Dauphin	Dolphin
Éponge	Sponge
Huître	Oyster
Méduse	Jellyfish
Poisson	Fish
Poulpe	Octopus
Requin	Shark
Récif	Reef
Sel	Salt
Tempête	Storm
Thon	Tuna
Tortue	Turtle
Vagues	Waves

Oiseaux
Birds

Aigle	Eagle
Autruche	Ostrich
Canard	Duck
Cigogne	Stork
Colombe	Dove
Corbeau	Crow
Coucou	Cuckoo
Cygne	Swan
Héron	Heron
Manchot	Penguin
Moineau	Sparrow
Mouette	Gull
Oeuf	Egg
Oie	Goose
Paon	Peacock
Perroquet	Parrot
Pélican	Pelican
Pigeon	Pigeon
Poulet	Chicken
Toucan	Toucan

Pays #2
Countries #2

Albanie	Albania
Chine	China
Danemark	Denmark
France	France
Haïti	Haiti
Indonésie	Indonesia
Irlande	Ireland
Jamaïque	Jamaica
Japon	Japan
Kenya	Kenya
Laos	Laos
Liban	Lebanon
Mexique	Mexico
Ouganda	Uganda
Pakistan	Pakistan
Russie	Russia
Somalie	Somalia
Soudan	Sudan
Syrie	Syria
Ukraine	Ukraine

Paysages
Landscapes

Cascade	Waterfall
Colline	Hill
Désert	Desert
Estuaire	Estuary
Fleuve	River
Geyser	Geyser
Glacier	Glacier
Grotte	Cave
Iceberg	Iceberg
Île	Island
Lac	Lake
Marais	Swamp
Mer	Sea
Montagne	Mountain
Oasis	Oasis
Péninsule	Peninsula
Plage	Beach
Toundra	Tundra
Vallée	Valley
Volcan	Volcano

Pêche
Fishing

Appât	Bait
Bateau	Boat
Branchies	Gills
Crochet	Hook
Cuire	Cook
Eau	Water
Exagération	Exaggeration
Équipement	Equipment
Fil	Wire
Fleuve	River
Lac	Lake
Mâchoire	Jaw
Océan	Ocean
Panier	Basket
Patience	Patience
Plage	Beach
Poids	Weight
Saison	Season

Pirates
Pirates

Ancre	Anchor
Aventure	Adventure
Capitaine	Captain
Carte	Map
Cicatrice	Scar
Danger	Danger
Drapeau	Flag
Épée	Sword
Équipage	Crew
Grotte	Cave
Île	Island
Légende	Legend
Mauvais	Bad
Océan	Ocean
Or	Gold
Perroquet	Parrot
Pièces	Coins
Plage	Beach
Rhum	Rum
Trésor	Treasure

Plage
Beach

Bateau	Boat
Bleu	Blue
Coquilles	Shells
Côte	Coast
Crabe	Crab
Dock	Dock
Île	Island
Lagune	Lagoon
Mer	Sea
Nager	To Swim
Océan	Ocean
Parapluie	Umbrella
Récif	Reef
Sable	Sand
Sandales	Sandals
Serviette	Towel
Soleil	Sun
Vacances	Vacation
Voilier	Sailboat

Plantes
Plants

Arbre	Tree
Baie	Berry
Bambou	Bamboo
Botanique	Botany
Buisson	Bush
Cactus	Cactus
Engrais	Fertilizer
Feuillage	Foliage
Fleur	Flower
Flore	Flora
Forêt	Forest
Grandir	Grow
Haricot	Bean
Herbe	Grass
Jardin	Garden
Lierre	Ivy
Mousse	Moss
Pétale	Petal
Racine	Root
Végétation	Vegetation

Professions #1
Professions #1

Ambassadeur	Ambassador
Astronome	Astronomer
Avocat	Attorney
Banquier	Banker
Bijoutier	Jeweler
Cartographe	Cartographer
Chasseur	Hunter
Danseur	Dancer
Entraîneur	Coach
Éditeur	Editor
Géologue	Geologist
Infirmière	Nurse
Médecin	Doctor
Musicien	Musician
Pianiste	Pianist
Plombier	Plumber
Pompier	Firefighter
Psychologue	Psychologist
Scientifique	Scientist
Vétérinaire	Veterinarian

Professions #2
Professions #2

Astronaute	Astronaut
Bibliothécaire	Librarian
Biologiste	Biologist
Chercheur	Researcher
Chirurgien	Surgeon
Dentiste	Dentist
Détective	Detective
Enseignant	Teacher
Illustrateur	Illustrator
Ingénieur	Engineer
Inventeur	Inventor
Jardinier	Gardener
Journaliste	Journalist
Linguiste	Linguist
Médecin	Physician
Peintre	Painter
Philosophe	Philosopher
Photographe	Photographer
Pilote	Pilot
Zoologiste	Zoologist

Randonnée
Hiking

Animaux	Animals
Bottes	Boots
Camping	Camping
Carte	Map
Climat	Climate
Eau	Water
Falaise	Cliff
Fatigué	Tired
Guides	Guides
Lourd	Heavy
Météo	Weather
Montagne	Mountain
Nature	Nature
Orientation	Orientation
Parcs	Parks
Pierres	Stones
Préparation	Preparation
Sauvage	Wild
Soleil	Sun
Sommet	Summit

Remplir
To Fill

Baril	Barrel
Bassin	Basin
Boîte	Box
Bouteille	Bottle
Caisse	Crate
Carton	Carton
Dossier	Folder
Enveloppe	Envelope
Navire	Vessel
Panier	Basket
Paquet	Packet
Plateau	Tray
Poche	Pocket
Pot	Jar
Sac	Bag
Seau	Bucket
Tiroir	Drawer
Tube	Tube
Valise	Suitcase
Vase	Vase

Restaurant #1
Restaurant #1

Allergie	Allergy
Assiette	Plate
Bol	Bowl
Café	Coffee
Caissier	Cashier
Couteau	Knife
Cuisine	Kitchen
Dessert	Dessert
Épicé	Spicy
Ingrédients	Ingredients
Menu	Menu
Nourriture	Food
Pain	Bread
Poulet	Chicken
Réservation	Reservation
Sauce	Sauce
Serveuse	Waitress
Serviette	Napkin
Viande	Meat

Restaurant #2
Restaurant #2

Boisson	Beverage
Chaise	Chair
Cuillère	Spoon
Déjeuner	Lunch
Délicieux	Delicious
Dîner	Dinner
Eau	Water
Épices	Spices
Fourchette	Fork
Fruit	Fruit
Gâteau	Cake
Glace	Ice
Légumes	Vegetables
Nouilles	Noodles
Oeuf	Eggs
Poisson	Fish
Salade	Salad
Sel	Salt
Serveur	Waiter
Soupe	Soup

Science
Science

Atome	Atom
Chimique	Chemical
Climat	Climate
Données	Data
Expérience	Experiment
Évolution	Evolution
Fait	Fact
Fossile	Fossil
Gravité	Gravity
Hypothèse	Hypothesis
Laboratoire	Laboratory
Méthode	Method
Minéraux	Minerals
Molécules	Molecules
Nature	Nature
Observation	Observation
Organisme	Organism
Particules	Particles
Physique	Physics
Scientifique	Scientist

Science-Fiction
Science Fiction

Atomique	Atomic
Cinéma	Cinema
Explosion	Explosion
Extrême	Extreme
Fantastique	Fantastic
Feu	Fire
Futuriste	Futuristic
Galaxie	Galaxy
Illusion	Illusion
Imaginaire	Imaginary
Livres	Books
Monde	World
Mystérieux	Mysterious
Oracle	Oracle
Planète	Planet
Réaliste	Realistic
Robots	Robots
Scénario	Scenario
Technologie	Technology
Utopie	Utopia

Sports
Sports

Arbitre	Referee
Athlète	Athlete
Base-Ball	Baseball
Basket-Ball	Basketball
Championnat	Championship
Entraîneur	Coach
Équipe	Team
Gagnant	Winner
Golf	Golf
Gymnase	Gymnasium
Gymnastique	Gymnastics
Hockey	Hockey
Jeu	Game
Joueur	Player
Mouvement	Movement
Nager	To Swim
Stade	Stadium
Tennis	Tennis
Vélo	Bicycle

Surf
Surfing

Amusement	Fun
Athlète	Athlete
Champion	Champion
Débutant	Beginner
Estomac	Stomach
Extrême	Extreme
Force	Strength
Foules	Crowds
Météo	Weather
Mousse	Foam
Nager	To Swim
Océan	Ocean
Pagaie	Paddle
Plage	Beach
Populaire	Popular
Récif	Reef
Style	Style
Vague	Wave
Vitesse	Speed

Technologie
Technology

Affichage	Display
Blog	Blog
Caméra	Camera
Curseur	Cursor
Données	Data
Écran	Screen
Fichier	File
Internet	Internet
Logiciel	Software
Message	Message
Navigateur	Browser
Numérique	Digital
Octets	Bytes
Ordinateur	Computer
Police	Font
Recherche	Research
Sécurité	Security
Statistiques	Statistics
Virtuel	Virtual
Virus	Virus

Temps
Time

Année	Year
Annuel	Annual
Après	After
Avant	Before
Bientôt	Soon
Calendrier	Calendar
Décennie	Decade
Futur	Future
Heure	Hour
Hier	Yesterday
Horloge	Clock
Jour	Day
Maintenant	Now
Matin	Morning
Midi	Noon
Minute	Minute
Mois	Month
Nuit	Night
Semaine	Week
Siècle	Century

Types de Cheveux
Hair Types

Argent	Silver
Blanc	White
Blond	Blond
Boucles	Curls
Brillant	Shiny
Chauve	Bald
Coloré	Colored
Court	Short
Doux	Soft
Épais	Thick
Frisé	Curly
Gris	Gray
Long	Long
Marron	Brown
Mince	Thin
Noir	Black
Ondulé	Wavy
Sain	Healthy
Sec	Dry
Tressé	Braided

Vacances #2
Vacation #2

Aéroport	Airport
Camping	Camping
Carte	Map
Destination	Destination
Étranger	Foreigner
Hôtel	Hotel
Île	Island
Loisir	Leisure
Mer	Sea
Passeport	Passport
Photos	Photos
Plage	Beach
Restaurant	Restaurant
Réservations	Reservations
Taxi	Taxi
Tente	Tent
Train	Train
Vacances	Holiday
Visa	Visa
Voyage	Journey

Vertus #1
Virtues #1

Artistique	Artistic
Bon	Good
Charmant	Charming
Confiant	Confident
Curieux	Curious
Décisif	Decisive
Drôle	Funny
Efficace	Efficient
Fiable	Reliable
Généreux	Generous
Imaginatif	Imaginative
Indépendant	Independent
Intelligent	Intelligent
Modeste	Modest
Passionné	Passionate
Patient	Patient
Pratique	Practical
Propre	Clean
Sage	Wise
Utile	Helpful

Véhicules
Vehicles

Ambulance	Ambulance
Avion	Airplane
Bateau	Boat
Bus	Bus
Camion	Truck
Caravane	Caravan
Ferry	Ferry
Fusée	Rocket
Hélicoptère	Helicopter
Métro	Subway
Moteur	Motor
Navette	Shuttle
Pneus	Tires
Radeau	Raft
Scooter	Scooter
Sous-Marin	Submarine
Taxi	Taxi
Tracteur	Tractor
Vélo	Bicycle
Voiture	Car

Vêtements
Clothes

Bracelet	Bracelet
Ceinture	Belt
Chapeau	Hat
Chaussure	Shoe
Chemise	Shirt
Chemisier	Blouse
Collier	Necklace
Foulard	Scarf
Gants	Gloves
Jeans	Jeans
Jupe	Skirt
Manteau	Coat
Mode	Fashion
Pantalon	Pants
Pull	Sweater
Pyjama	Pajamas
Robe	Dress
Sandales	Sandals
Tablier	Apron
Veste	Jacket

Ville
Town

Aéroport	Airport
Banque	Bank
Bibliothèque	Library
Boulangerie	Bakery
Cinéma	Cinema
Clinique	Clinic
École	School
Fleuriste	Florist
Galerie	Gallery
Hôtel	Hotel
Librairie	Bookstore
Marché	Market
Musée	Museum
Pharmacie	Pharmacy
Restaurant	Restaurant
Stade	Stadium
Supermarché	Supermarket
Théâtre	Theater
Université	University
Zoo	Zoo

Félicitations

Vous avez réussi !

Nous espérons que vous avez apprécié ce livre autant que nous avons pris plaisir à le concevoir. Nous faisons de notre mieux pour créer des livres de la meilleure qualité possible.
Cette édition est conçue pour permettre un apprentissage intelligent et de qualité en se divertissant !

Vous avez aimé ce livre ?

Une Simple Demande

Nos livres existent grâce aux avis que vous publiez. Pourriez-vous nous aider en laissant un avis maintenant ?

Voici un lien rapide qui vous mènera à votre
page d'évaluation de vos commandes :

BestBooksActivity.com/Avis50

CHALLENGE FINAL !

Défi n°1

Êtes-vous prêt pour votre jeu bonus ? Nous les utilisons tout le temps mais ils ne sont pas si faciles à trouver. Voici les **Synonymes** !

Notez 5 mots que vous avez trouvés dans les puzzles notés ci-dessous (n°21, n°36, n°76) et essayez de trouver 2 synonymes pour chaque mot.

*Notez 5 Mots du **Puzzle 21***

Mots	Synonyme 1	Synonyme 2

*Notez 5 Mots du **Puzzle 36***

Mots	Synonyme 1	Synonyme 2

*Notez 5 Mots du **Puzzle 76***

Mots	Synonyme 1	Synonyme 2

Défi n°2

Maintenant que vous vous êtes échauffé, notez 5 mots que vous avez découverts dans les Puzzles n° 9, n° 17, n° 25 et essayez de trouver 2 antonymes pour chaque mot. Combien pouvez-vous en trouver en 20 minutes ?

Notez 5 Mots du **Puzzle 9**

Mots	Antonyme 1	Antonyme 2

Notez 5 Mots du **Puzzle 17**

Mots	Antonyme 1	Antonyme 2

Notez 5 Mots du **Puzzle 25**

Mots	Antonyme 1	Antonyme 2

Défi n°3

Formidable ! Ce défi final n'est rien pour vous.

Prêt pour le dernier défi ? Choisissez 10 mots que vous avez découverts parmi les différents puzzles et notez-les ci-dessous.

1.	6.
2.	7.
3.	8.
4.	9.
5.	10.

Maintenant, composez un texte en pensant à une personne, un animal ou un lieu que vous aimez !

Astuce: Vous pouvez utiliser la dernière page de ce livre comme brouillon !

Votre Composition :

CARNET DE NOTES :

À TRÈS BIENTÔT !

Toute l'équipe

DECOUVREZ
DES JEUX
GRATUITS

GO

BESTACTIVITYBOOKS.COM/FREEGAMES